イチにこだわるランニング理論

大東文化大学陸上競技部
男子長距離ブロック監督
真名子 圭

Running theory focused on "The One"

自己記録の壁を破る！

池田書店

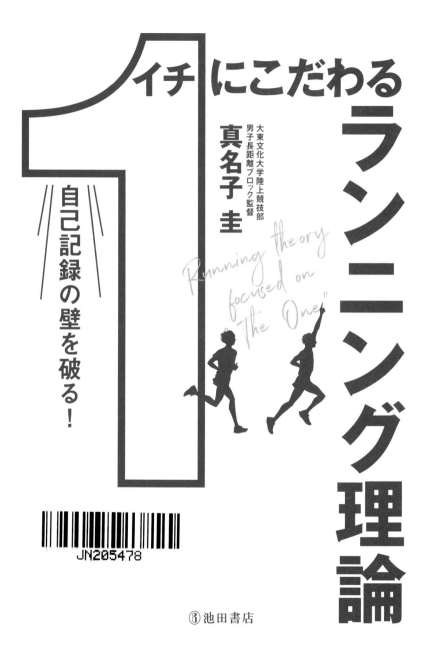

はじめに

私は、現在まで高校や大学の競技者レベルの指導しかしてこなかったので、本書のオファーを受けたとき、読者である市民ランナーの皆さんにとって、有益な情報を提供できないのではないかと思っていました。しかし、私のメソッドは、すべてのレベルのランナーや指導者、さらにはビジネスパーソンにも役立つものだという言葉をいただき、少しでも多くの人々に役立つのであればと、引き受けることにしました。

私の実践してきたことは、たとえば、現在の自分には達成できそうもないけれど、5000m走で14分を切るトップレベルのランナーを目指したいと考えたとき、実際にどうすれば達成できるのかということです。目標を漠然ととらえると途方もなく大きいものに思われますが、1周400mを67秒で走る、2周の800mを2分14秒で走る、そこからさらに1000m、3000mと少しずつ距離を延ばしていき、課題を細かくしていくと、無謀に見えた目標も少しは現実味を帯びてくるような気がしませんか？

これは、市民ランナーレベルでも同じこと。どんなに大きな目標でも、それをクリアするために必要なことを細かく分解し、明確な課題にまで落とし込むと、なんとなく達成できそうに思えてくるものです。結局、人間にできる行動というのは、「今できる目の前のこと」だけ。遠くの「大きな山＝１００」を眺めているだけでは、いつまで経っても頂上に辿り着くことはできません。しかし、目の前の「小さな1歩＝1」をコツコツと積み上げていけば、いずれは確実に頂上に辿り着くことができます。

当然、人間ですから失敗することもあるでしょう。しかし、その失敗の原因を分析し、もう一度小さな「1」を積み直せば、次に成功する確率は格段に上がります。小さな失敗をしたら、それをすぐに反省し、そこから修正してまた小さな成功の喜びを味わう、これを日々繰り返していくことが、やがて大きな成功の喜びにつながっていくのです。「10」でも「１００」でもなく、目の前の「1」にこだわること。これが私の「失敗を成功に変える」ランニングの法則なのです。

私のこれまでの失敗と成功の経験が、記録に伸び悩むランナーの皆さんの壁を突破するためのヒントとして役に立つことがあれば、幸いに思います。

大東文化大学 陸上競技部男子長距離ブロック監督 真名子《まなこ》 圭《きよし》

仙台育英高校を全国制覇に導き、大東文化大学を2年で箱根駅伝シード校に復活させた「真名子マジック」とは？

２０２４年１月３日、『第１００回東京箱根間往復大学駅伝競走（以下、箱根駅伝）』の復路・最終10区。我が大東文化大学（以下、大東大）のアンカー、３年生（当時）の佐々木真人《なおと》が、大歓声に包まれた東京・大手町の読売新聞本社前にあるゴールを歓喜の雄叫びを上げながら駆け抜けました。結果は総合10位。**チーム全体の目標として掲げていた「シード権の獲得」を本学としては9年ぶりに達成**した瞬間でした。まさに、チーム全員で勝ち取ったシード権。学生たちの仲間を信じて懸命に走るひたむきな姿を目の当たりにし、監督として学生たちへの感謝の思いで胸がいっぱいになりました。

かつては名将・青葉昌幸《よしゆき》監督の下、学生３大駅伝で３冠を達成するなどし、強豪といわれていた本学も２０２０年からの３年間、箱根駅伝の予選会すら突破できないほどに低迷していました。そんな状況で私が**大東大陸上競技部男子長距離ブロックの監督に就**

任してわずか2年での復活劇。一体なにが起こったのかと、多くの方々から称賛とともに驚きの声をいただきました。

また、本学の前に私が指揮をとっていたのは、**高校駅伝の名門・仙台育英学園高等学校**（以下、仙台育英）。しかし、私が就任した当時は、名門といっても東日本大震災や集団転校騒動（P24）の影響でチーム崩壊ともいえる状況にありました。当時の私は、監督としての経験も浅く、かなり未熟だったと自覚していますが、多くの方々の力を借りながら、なんとか**8年で全国制覇するまでに復活**させることができました。

こうした実績だけを見ると、まるで「魔法使い」でもあるかのように見られることが多く、マスコミ取材などでは**「真名子マジック」**などと称されることもありました。しかし、私は決して魔法使いでもマジシャンでもありません。ただ、**そのときにできることを地道にひとつずつ積み上げてきただけ**。日々やってきたことは、特別なことなんてひとつもないと思います。

特別なことをしていないということは、私が行っているメソッドは、誰でも再現でき、達成できるノウハウといえるのかもしれません。本書では、私がこれまで陸上の指導者として実践してきた考え方や練習方法などを詳しく解説していきたいと思います。

「100」という大きな目標も「1」の積み重ねに過ぎない！

2012年の4月、私が仙台育英の陸上競技部・長距離男子ブロックの監督に就任したとき、集団転校騒動（P24）の影響で部員数は高校駅伝を走れる人数に満たず、前監督時に退部した部員を呼び戻すなどして11人を集めるのがやっとの状態でした。また、前年の3月に東日本大震災が起こり、練習するための競技場なども瓦礫《がれき》の集積場として利用され、陸上に限らず多くの競技スポーツにおいて通常通りの練習環境が確保できない状況にありました。

チームが一度リセットされた状態とはいえ、**仙台育英は全国に名の知られた高校駅伝の名門**です。指導者としての経験が浅かった私は、このような戦力が不足した状態であっても「仙台育英は全国で勝たなければいけないチームである」というある意味、呪縛のようなノルマを自らに課していました。部員たちの実力に関係なく、「全国で戦う」

ことを目標に、部員たちに厳しい設定の練習をさせてしまったのです。その結果、県大会で県のライバルである東北高校に敗れ、20年続いていた全国高等学校駅伝競走大会（以下、全国高校駅伝）の連続出場を途切れさせてしまったのです。

ここで、私は現状の実力を思い知り、今できることをひとつずつ積み上げるしかないと現実的な路線に方針を変革しました。**全国優勝という大きな目標は、たとえるなら「100」という大きな数字**です。しかし、**100という大きな数字も細かく分解していけば、「1」という小さな数字になります。この「1」を地道に積み上げていけば、いずれ必ず「100」という大きな目標も達成できるはずだ**と考えたのです。

8年目に全国優勝するという大きな目標を「100」と設定し、そこから長期、中期、短期の目標を細かく設定（これもある意味「1」と考える）しました。それを毎日の練習にまで落とし込んで、あとはただ地道に目の前の小さな課題である「1」を達成し、積み上げていくだけ。つまり、目標達成に必要な課題を明確にし、それをひとつずつクリアしていけば、どんなに大きな目標であっても着実に近づいていけるわけです。

力のある高校生たちとの巡り合わせもあったとは思いますが、私はこの**「1」にこだわるアプローチ**によって、実際に就任8年目で全国優勝を達成できたのです。

「自分自身」が自分にとっての「最高の指導者」になろう！

高校や大学、実業団などで競技をする選手たちは、**監督やコーチの下で指導や管理を受けながら目標に向かって練習していく**ことがほとんど。選手たちはそれぞれのレベルで、指導者の客観的な視点で評価され、克服すべき修正点や必要な課題をクリアしながら、常に「他者の目」を入れて競技をすることができます。

競技者は、客観的な評価が下される環境があるからこそ、早期の課題克服や、オーバーワークによる故障の回避といった利点を活かし、より短期間でのレベルアップが可能になるのだと思います。

一方、本書の読者の多くは一般の市民ランナーだと思います。もっといえば、健康のために走るだけのジョガーではなく、市民マラソンのようなレースにも参加し、**パーソナルベストの更新を常に目指しているような中級レベル以上のランナー**であると推察します。市民ランナーの多くは、**ひとりで走っていると思います。ひとりで目標を立て、ひとりで練習をこなし、ひとりで自己評価を下していきます**。ある意味、自分をストイックに管理しなければいけない環境なのかもしれません。

ただ、ひとりであるだけに、逃げることも簡単です。目標を明確にすることなく、なんとなくフルマラソンでサブ4を達成するといった漠然とした目標設定だと、目標達成のための重要な局面であっても、気づかずに流すことができてしまうのです。

市民ランナーは、自分自身が選手であり、コーチでもあります。選手の視点だけで自己管理しようとすると、うまくいかないときにどうしても言い訳に走ってしまう傾向に陥りがちです。そこで、自分自身をコーチのような客観的な視点でとらえ、評価し、課題を見つけ、それを克服していくことを実践し続けられるかが重要になってきます。

時には失敗してしまうこともあると思いますが、それを客観的に評価し、「なぜ失敗したのか？」という原因を追究することができれば、失敗を成功に変えることができます。**市民ランナーの場合は、自分自身が最高の指導者となり、選手としての自分を自ら導いていく「客観性」が重要なカギを握ります**。本書では、それに必要なマインドセットのコツも解説していきます。

CONTENTS

はじめに――2

プロローグ
仙台育英高校を全国制覇に導き、大東文化大学を2年で箱根駅伝シード校に復活させた「真名子マジック」とは？――4
「100」という大きな目標も「1」の積み重ねに過ぎない！――6
「自分自身」が自分にとっての「最高の指導者」になろう！――8

第1章 「真名子マジック」は特別な魔法ではない

軌跡
01／指導者としての「1」は、「ふたりの友人の死」――16
02／「1」から「チームづくり」を始めた仙台育英高校の長距離監督時代――22
03／「1」を積み重ねて8年で「全国制覇」！――26
04／仙台育英での栄光を返上し、低迷する大東文化大の監督に！――32
05／箱根駅伝3年連続予選会敗退からの復活！大東文化大で「1」からチーム改革！――34

第2章 目標クリアまでの「1＝ストーリー」をつくる

マインドセット
01／明確なビジョンと「1＝ストーリー」をつくる――42
02／アバウトな目標設定は「逃げ道」をつくる原因に！――46
03／直近のレースなどから自分の「現在地」を確認する――48
04／最終目標と現在地をつなげる「1＝柱」をつくる――50
05／毎日の練習は「1＝課題」の連続である――52

06／クリアできなくても「誤った1歩」ならすぐに修正できる！ —— 54
07／ロールプレイングゲームのように小さな目標をクリアしていく楽しさ —— 56
08／思っているだけでなく、反省を言葉にする —— 58
09／苦手なことに執着するより得意なことを伸ばす —— 60
10／コーチ（観察者）的な視点を持ち、選手（行為者）として実行する —— 62
11／行為者と観察者のバイアスの違いに注意する —— 64
12／自己分析が苦手なら普段の生活で「なぜ」と問いかける —— 66
13／フォームは「変える」のではなく、「変わる」のが理想 —— 68
14／「心が充実」していないと「練習の質」も下がってしまう —— 70
15／決めた「1＝ストーリー」を実行するのは大事だが、時には逃げてもいい —— 72
16／今やるべきことを理解することが楽しさにつながる！ —— 74

column 真名子式レースのマインドセット①
レース前に「調子はどう？」と聞かない！ —— 76

第3章 練習で目の前にある「1＝課題」をクリアしていく

真名子式トレーニングの考え方

01／毎日の練習では「1＝目的」を理解する！ —— 78
02／試合に勝つには「本能」に従って走ることも大事 —— 80
03／市民ランナーは「タイム」と向き合うこと！ —— 84
04／自分の戦いを明確にする！ —— 86
05／スピードはある程度ポテンシャルが決まっている —— 88
06／市民ランナーは距離を走れることに重きを置く —— 90
07／ハーフマラソンまではトラックをベースに強化 —— 92

08 「ケガをしない」ことが長距離走で成長するコツ　94
09 フォームは「動きづくりのドリル」や「坂道ラン」で修正　96
10 ポイント練習は週に2~3回入れる　98
11 練習前は「動きづくり」、練習後は「ストレッチ」　100
12 練習に「心を込める」と格段に伸びる!　102
Column 真名子式レースのマインドセット②
レース中の声かけは「情」に訴える　104

第4章
自己記録の壁を破る! 真名子式練習メニュー

目的を理解して確実に「1」を積み上げる!
真名子式練習メニューの考え方　106
01 ジョギング　107
02 インターバル走　108
03 ビルドアップ走　109
04 ペース走　109
05 変化走　110
06 距離走　110
07 レペティション走　111
08 ヒルトレーニング　111
09 クロスカントリー走　111
10 タイムトライアル　112
11 ウインドスプリント　112
12 シークレットラン　112

フォーム効率を上げる!
真名子式動きづくりドリル　113
01 かかとを最大限上げる　114
02 足首の曲げ伸ばし　115
03 足首まわし　116
04 スキップ(前進&後退)　117
05 スキップ&クラップ　118

06 スキップ&肩甲骨開閉 119
07 スキップ&両腕内まわし 120
08 サイドステップ 121
09 サイドステップ&腕振り 122
10 ニーリフト&ドロップ 123
11 もも上げ&クラップ 124
12 股関節の横振り(外転)ステップ 125
13 股関節まわしウォーク 126
14 レッグリフト&ドロップ 127
15 ニーアップ&ドロップ(もも下げ) 128
16 アンクルステップ(1歩) 129
17 アンクルステップ(2歩) 130
18 反発ステップ 131
19 ラテラルニーアップ(横) 132
20 両脚フロントジャンプ 133
21 片脚フロントジャンプ 134
22 ニーアップ&ドロップ(前進) 135

ケガをせずに長く走れる!
真名子式ストレッチ&エクササイズ 136
01 クロスオーバーストレッチ 137
02 フロッグエクササイズ 138
03 体幹ツイスト 139
04 四股ストレッチ 140
05 開脚ストレッチ 141
06 上体反らしストレッチ 142
07 スパイダーマンストレッチ 143
08 骨盤まわりストレッチ 144
09 肩甲骨まわし 145

真名子式 練習メニューを組んでみよう! 146
01 1500m走の練習メニュー 148
02 5000m走の練習メニュー 150

03 10000m走の練習メニュー 152
04 ハーフマラソンの練習メニュー 154
05 フルマラソン3時間切りの練習メニュー 156

第5章
「1＝心」を込めて強くなる

真名子語録

01 チーム全体のビジョンを共有する 160
02 表舞台で活躍する選手だけがチームの主役ではない 162
03 厳しいこともいい合えるのが本当のチームワーク 164
04 居心地の悪い環境が「気づき」を生む 166
05 褒めるのも叱るのも「リアルタイム」で！後まわしにすると熱量が変わる 168
06 落ち込んでいる選手にはあえて距離を置く 170
07 選んだ道は「正解かわからない」から「自分で正解にする」しかない 172
08 「いっていること」ではなく、「やっていること」が、その人の「正体」 174
09 うまくいったら自信、うまくいかなかったら経験 176
10 環境がくれるのは「種」だけ、「花」を咲かせるのは自分！ 178
11 人が環境をつくり、環境が人を育てる 180
12 「継続」よりも「習慣」こそが「力」なり！ 182
13 「喜怒哀楽」苦しいことも楽しさがあってこそ！ 184
14 「後悔」で「過去」は変えられないが、「反省」で「未来」は変えられる！ 186
15 コミュニケーションはドッジボールよりキャッチボール！ 188
16 「できない理由」を探すのではなく、「できる方法」を見つける！ 190

第1章

「真名子マジック」は特別な魔法ではない

01

軌跡

指導者としての「1」は、「ふたりの友人の死」

私は21歳のときに、高校時代の陸上部の同級生を白血病で亡くしました。彼は高校卒業後、三重県警の警察官になり、駅伝やマラソン大会に出場して競技を続けることが夢でしたが、その矢先に病気が発覚したのです。**そういう夢も死によってすべて奪われてしまうという理不尽さ。**私は身近な友人と死別することは初めての経験で、かなりショックだったのを今でもはっきりと覚えています。

そして、28歳のときにも、幼馴染のように育った同い年のいとこを脳腫瘍で亡くしました。高校卒業と同時に頭のなかに腫瘍ができていることがわかり、彼は建築関係の仕事をするという夢があって、就職先も決まっていたのですが、それも叶わぬ夢となってしまったのです。彼は長い闘病の末、28歳という若さでこの世を去りました。

どんなに高い理想を持ち、将来に大きな夢を持っていたとしても、死んでしまったら

なにも叶えられなくなってしまいます。私は、この出来事によって、死というものを初めて自分にも起こり得るものだと肌で感じ、「自分もいつ死ぬかわからない」というリアルな不安と恐怖を覚えました。そして、**今できることを全力で頑張る、2歩先、3歩先のことより、今踏みしめることができる「1歩」こそが大事なのだ**と、心の底から思うようになったのです。

私の指導者としてというより、人間として生きていくうえでの原点。座右の銘でもある**「今を生きる」**という考え方は、このふたりの友人の死が色濃く影響しています。

箱根路《じ》より伊勢路に憧れていた

私が陸上を始めたのは高校時代。三重県の四日市工業高校という、陸上部としては県内でも上位に数えられる公立の実力校に所属していました。そして、三重県といえば、学生3大駅伝のひとつである**「全日本大学駅伝」**の開催地。名古屋の熱田《あつた》神宮から三重の伊勢神宮までの**「伊勢路」**を走るこの大会に、私は地元の高校生の補助スタッフとして参加し、全国の大学のトップランナーたちの走りを間近で眺めながら、**「いつか自分**

も走りたい」と憧れを抱いていました。実は、**大東大に進学したのも、この伊勢路を走りたかったから**であり、その2倍の長い距離を走らなければいけない箱根駅伝には、あまり興味がありませんでした。私が心から走りたかったのは、10000mや全日本大学駅伝だったのです。

大東大時代の箱根駅伝での苦闘

大東大は、ライトグリーンのユニフォームで知られる駅伝の強豪です。名将・青葉昌幸監督の下、箱根駅伝では1975年の第51回大会で初優勝し、翌年も連覇。それ以降も常に上位につけ、’90年と’91年にも連覇しました。私が1年生で7区を走った’98年は9位、翌年には1区を走って7位。シード権は獲得したものの、私個人の区間順位はどちらも14位と振るいませんでした。やはり20㎞という長い距離へのモチベーションが上がらず、エースのひとりとして期待をかけてもらいましたが、それに応えられるような走りはできませんでした。**エース区間を走って区間順位が悪いと叱られて、一方でつなぎ区間を走った自分より遅い選手が上位で走ると褒《ほ》められるということが納得いかなかっ**

たのです。若かったこともありますが、青葉先生の真意を理解できておらず、精神的に甘かったのだと思います。2年生の頃には**陸上をやめようと考えた**こともありました。

気持ちの変化が強さを生んだ

3年生のときに、青葉監督から**只隈《ただくま》伸也《しんや》監督の新体制**になったことが、自分にとっての転機になり、長距離にも本気で取り組むようになりました。この年は1区を走って区間9位になったのですが、チームは12位と惨敗してまさかのシード落ち。実は、このときの私は脚が攣《つ》っていたのです。以前の自分ならアクシデントが起こるとすぐにあきらめてしまっていたのですが、取り組む姿勢が変わったことでアクシデントへの対応策を自分で考えられるようになりました。今から思えば、そういう強さが翌年の成績につながったのだと思います。シード落ちの悔しさをバネに、**'01年には主将として10区を走り、当時の区間新記録で区間賞を獲得**。チームも6位となってシード権を取り戻しました。指導者になった今でもそうなのですが、一度失敗しないと成功がつかめないという私の習性は、このときからすでにあったようです。

Hondaから現役引退へ

大学卒業後、Ｈｏｎｄａの陸上競技部で実業団ランナーとなった私は、いつか**「日の丸を背負って走る」**という夢を抱きながら走り続けていました。しかし実業団5年目のある日、練習中に呼吸が苦しくなって倒れてしまい、病院で検査を受けたところ、**「心《しん》房細動《ぼうさいどう》」**と診断されました。医師の話によると、**心臓の4分の1が正常に機能しておらず、心臓に負担のかかる長距離種目はやめたほうがよい**とのことでした。

しかし、それが直接的に現役生活を終える原因とはなりませんでした。私は、それでも競技を続けようとしていたのですが、その頃ちょうど埼玉で国体が開催されることになり、恩師の青葉先生から国体に出場してほしいという要請を受けたのです。私は出場資格を得るために、埼玉県陸上競技選手権の３０００ｍ障害に出場したのですが、トップで走ってきてラスト３００ｍのところで、脚に肉離れを起こして倒れました。**筋肉が切れるブチッという音を聞きながら、そこで気持ちの糸も切れてしまいました。**心臓も病気だし、肉離れも起こしてしまったし、もうダメだ……と引退を決意したのです。

皆に反対された高校指導者への道

実業団ランナーのほとんどは、安定した収入を得られるので、引退後もそのまま会社に残り、社業を続けるのが一般的です。Hondaの社業はもちろん自動車の製造や販売。私も車のプロたちの会議に参加し、「あのハンドルがカッコいい。エンジンの音がいいね」といった熱い車談義を聞くことになったのですが、私にはさっぱり共感できませんでした。でも、**好きなことを仕事にしている社員たちの情熱**に対しては、正直羨ましいと感じていました。では、自分が好きなことってなんだろうと考えたときに、**やはり陸上に関わる仕事がしたい**と、日に日に強く思うようになったのです。

会社をやめて教員になりたいと相談すると、一流企業での安定した暮らしを捨てるのかと、100%に近い確率で反対されました。

でも、ここで「ふたりの友人」に思いが巡りました。**「彼らは、挑戦したくてもできないのだ。自分はやろうと思えばなんでも挑戦できるではないか」**と、まるでふたりに後押しされたように、会社をやめて高校の陸上指導者の道を歩もうと決意したのです。

02

軌跡

「1」から「チームづくり」を始めた仙台育英高校の長距離監督時代

これまでの生活をすべて捨て去り、高校の教員免許を取るために、母校である大東大に科目《かもく》等《とう》履修生《りしゅうせい》として戻ることになりました。指導者になるにしても、なぜ数あるレベルのなかで高校の指導者を選んだのかと思われるかもしれません。私は選手として大学時代には3大駅伝すべてに出場し、実業団ではニューイヤー駅伝も走ったことがあるのですが、**全国高校駅伝だけ出場することができませんでした。自分が果たせなかった夢に指導者としてもう一度チャレンジしたかった**という思いがあったのです。ただ、その頃はどこで教員になるかといった具体的なビジョンは一切ありませんでした。

三重県の弱小高校での経験

無事に教員免許を取得し、最初に赴任したのが故郷である三重県のとある私立高校。その高校の陸上部の顧問が投擲《とうてき》の先生だったので、長距離の指導ができる人を探しているということで、高校時代の恩師が私を推薦してくれたそうです。その高校は、**男子部員が6人しかいない弱小校。**女子の部員もふたりいたのですが、私が指導することになったのは、そのうちのひとりであるバスケ部出身の選手。脚もそんなに速くはなかったけれど陸上の長距離で頑張りたいということで、投擲の先生から男子と一緒に見てほしいと頼まれたのです。結果、陸上経験のなかった選手でしたが、彼女は高いモチベーションで練習を続け、最終的には県で4～5番まで伸びていき、その後大学でも競技を続けられるようになりました。**選手自身の気持ちによって、こんなに成績が伸びるものなのか**と、指導者としての面白さを最初に感じた経験でした。

その高校には非常勤講師として赴任していたので、なんとか常勤、もしくは教諭として正式に採用してくれる高校を探していたのですが、翌年、三重県のある県立高校に常勤講師として赴任することになりました。その高校の陸上部には短距離を中心に4人の顧問の先生がいて、私が入ると5人目に。さすがに多すぎるということで、私は**なぜかバスケ部副顧問という肩書き**をもらいながら、実質3人だけの長距離の部員を見ることになったのです。バスケ部の副顧問としては新人戦に立ち会っただけで、あとは卒業アルバムの写真撮影をしたくらい、なんというか不思議な体験でしたね。

仙台育英からの誘い

三重県の県立高校も1年で去ることになり、こんなに足場が決まらないものかと焦りを感じていた時期でもあるのですが、実はそのとき、とある埼玉の実力校の監督になるという話が進んでいました。ほぼ内定し、1ヵ月後のリミットまでに最終的な返事をすることになっていたのですが、そこへ**仙台育英から監督のオファー**が入りました。もちろん、最初はお断りしました。仙台育英は全国にその名を轟かせるトップクラスの強豪校です。**私のような半人前の指導者に務まるはずがない**と考えたのです。簡単にいえば、腰が引けたというべきなのでしょうか。すると今度は、仙台育英の校長であり理事長でもある加藤雄彦《たけひこ》先生から直接電話があり、「縁もゆかりもない仙台の地で、先生の不安になる気持ちはわかりますが、一度うちの高校を見にきてくれませんか？」と誘いを受けたのです。前年の**震災によって校舎が半壊**したり、前監督の解任をきっかけとする部員たちの**集団転校騒動**があったり、さまざまな困難が降りかかるなかで、それでも残って頑張ろうとしている部員がいるので、彼らを見てやってほしいと。

田んぼの畦道《あぜみち》を走る姿に胸を打たれる

私が仙台育英の視察に訪れたのは、2012年の2月。そのときは、直接部員たちに会って話をすることはなかったのですが、練習する場所がないため、**田んぼの畦道をひたむきに走るたった4人の部員たちの姿を見て、純粋に胸が熱くなりました**。そのなかには津波で家を流されてしまった生徒もいたのです。主力の部員たちは集団転校でいなくなってしまい、駅伝を走れるかもわからない状況でよく走れるなと思いました。私なら走れないと。そんな彼らの力になりたいという思いに駆られ、埼玉の高校へはお断りの連絡をし、仙台育英に行くことを決心しました。

主力も去って、スカウトした新入生もいない、本当に「1」からのスタート。指導者としての経験もほとんどない私が、ようやく地に足をつけて、チームづくりを始めることになったのです。

03

軌跡

「1」を積み重ねて8年で「全国制覇」！

全国高校駅伝は、7人で走るのですが、1チーム10人で編成します。しかし、前監督が主力選手やスカウトした新入生を連れて他校へ転校してしまったため、**私が仙台育英に就任した直後の部員は、田んぼを走っていた4人と、ケニアに里帰り中だった留学生ひとりの計5人だけ**でした。前監督によって退部を余儀なくされた3人の生徒を呼び戻して8人。一般生で入部してくれた新入生がひとりで9人。校長がもうひとり留学生を呼んでくれて、かろうじて10人。さらにもうひとり退部していた部員が戻ってきてくれて、**最終的に11人の部員で真名子新体制がスタート**しました。

就任直後は「10」や「100」という先ばかりを見ていた

戦力云々を語れるような状況ではなかったのですが、就任当初の私はやはり**「仙台育英は全国で戦うべき強豪である」**という固定観念にとらわれていて、全国で勝つための練習を生徒たちに課していました。**私自身が大学や実業団でやっていたようなトップレベルの練習の流れを生徒たちに求めてしまっていた**のです。

目の前の「1」という課題すらクリアできていない、足元が見えていない状況で、全国の強豪校に勝つという「10」とか「100」といった大きな夢ばかりを見ていました。当然なにもかもうまくいかずに失敗ばかり。迎えた全国高校駅伝の県予選では東北高校に敗れ、**20年続いていた全国高校駅伝の連続出場を途絶えさせてしまった**のです。「やってしまった……」すべて監督である私の責任です。東北高校に有力な選手が入部したということもありますが、それから3年間、東北高校には勝てませんでした。

就任当初は、こういう練習がしたいからこういうものをつくってほしいとか、こういう場所で合宿したいとか、わがままばかりいって空回りしていましたし、スカウトも地元の信用がなく、集団転校の影響で選手を出したくないという学校がほとんどでした。こうなれば、もはや**今できることをやるしかない**と、原点に立ち返ることにしたのです。

3年目から「1」を積み上げるスタイルに

8年で全国優勝するという方針に切り替え、当面の目標は**地元のライバルである東北高校に勝つ**ことに切り替えました。さまざまなトラックレースで東北高校に勝ちにいくのはもちろん、チーム全体の持ちタイム、しかも仙台育英には留学生がいたので、留学生を除いたタイムで上回ることを目指していました。そのために必要なことを細かく目標を設定し、まさに**「1」を積み上げるスタイルに方針転換**をしたのです。

また、それまでは有力校の練習メニューなどを参考にしていたのですが、午後の練習をそのまま実行すると、寮の夕食の時間に間に合わないという事情があって、午後の練習時間を短くする分、質を高めるよう強度の調整などを行い、**独自の練習メニューを工夫していった**のもこの頃からでした。

就任3年目も東北高校に負けてしまったのですが、その年は東北の地区代表枠で私の体制になって**初めて全国高校駅伝に出場し、11位**になりました。県の戦いではやはりすべての高校が仙台育英をマークする展開になりますが、多くの強豪校がひしめく全国の戦いでは異なる展開になります。20位だった東北高校より上位で、しかも**全国の舞台でそれなりに戦えたことは私たちにとって大きな自信**になりました。そして翌年、**ついに東北高校を破ることができた**のです。この年の全国高校駅伝も同じく11位になったのですが、このときは8位入賞を目指していたので、もっとやれたという悔しさがありました。そのことは、私たちがチームとして着実に成長してきた証でもありました。

吉居、喜早《きそう》、菊地ら全国優勝メンバーが入学

翌年はさらに飛躍したかったのですが、この年の**全国高校駅伝は26位に転落**。後に大東大の選手として箱根路を走ることになるピーター・ワンジルですが、このときは仙台育英の選手であり、3区を走ってブレーキを起こしてしまいました。チーム自体の底上げはできていたのですが、レースの流れを変えるような**絶対的エースの存在がいなかった**ことも影響していたのだと思います。

そしてこの翌年、後に全国優勝を果たすことになるメンバー、吉居大和、喜早駿介、菊地駿介らが新入生として入学してくることになります。

「じゃないほう」だった吉居大和

当初は集団転校騒動の影響もあってスカウトの状況は芳しくなかったのですが、3年目くらいから、ようやく信頼が回復してきて、地元の中学校の先生からも**「今の育英なら生徒を預けられる」**といってもらえるようになりました。この頃は、スカウトのコツも段々と自分のなかで手応えを感じるようになった時期でした。**「この子は伸びる」というのが徐々にわかるようになってきた**のです。もちろん走りのポテンシャルは大事なのですが、**「気持ちの強さ、素直さ」**というのが、伸びる生徒に共通している要素だったと思います。自分の目標に向かって真面目にコツコツ頑張るタイプ、後に**仙台育英の優勝時のエースとなる吉居大和**は、まさにそういう選手でした。

そんな吉居大和も実はスカウトする予定ではなかったのです。彼は愛知県出身なのですが、愛知県には元々注目していた選手がいて、その選手が3年生になったので中体連の県大会に行って声をかける予定でした。その会場で偶然目にしたのが吉居大和。中体連では、勝手に声をかけてスカウトすることはできないので、こっそり彼の跡をつけて、道を尋ねる感じで声をかけたのです。そのときの**まっすぐ私の目を見て直立不動で受け答えする彼の純粋そうな様子を見て「間違いない」と直感**し、すぐに彼を仙台育英にスカウトしようと決めました。

挫折を乗り越えての全国優勝

吉居大和らが入学した2017年の第68回大会で3位になり、ついに念願の頂点を狙える位置にやってきました。翌年は優勝候補の筆頭に挙げられていましたが、その年はエースの**吉居大和が故障で満足に練習できていない状態**でした。かなり悩んだ末、吉居で行くしかないと出走させる判断をしたのですが、**彼は大失速**してしまい、結果は11位。これは彼の責任ではなく、走らせてしまった私の責任です。この悔しさをバネに、来年こそ優勝するぞと臨んだ翌年の全国高校駅伝。序盤から先行逃げ切りの岡山県の倉敷高校にリードを許しましたが、ラストのトラックでアンカーの当時1年生だった吉居駿恭《しゅんすけ》が競り合いを制し、**ついに念願の全国優勝**を果たしたのです。就任8年目、**地道にコツコツと積み上げてきた「1」が、「100」になった瞬間**でした。

04

軌跡

仙台育英での栄光を返上し、低迷する大東文化大の監督に！

仙台育英が26年ぶりにアベック優勝を果たした2019年の全国高校駅伝。一方、大東大では奈良修監督が解任され、そのときに一度、私のところに大東大の監督をやらないかというオファーが入りました。

2010年代の箱根駅伝での大東大は、**本戦に出ても下位に甘んじる**ことが多く、市田孝&市田宏兄弟（現・旭化成）がいた'14年と'15年以外はシード落ち。'20年からの**3年間は予選会で敗退してしまうほどに低迷**していました。

仙台育英は、今が一番脂の乗っている時期。**チーム崩壊の状態から8年かけてようやく光が差したところなのに、それを捨てて低迷している大東大に行くことが、果たして自分にとって価値あることなのか**疑問に思いました。また、まだ8年だったので、せめて10年は仙台育英でやりたいという思いもあり、そのときはオファーを断りました。

成績不振に悩む教え子たち

仙台育英は、翌年の全国高校駅伝では準優勝、就任から10年目で吉居駿恭が3年生となったその翌年は3位と**常に上位を争えるような強豪校に復活**しました。その一方で、監督オファーを断ったものの、大東大に進学した仙台育英時代の教え子である菊地駿介やピーター・ワンジルたちの成績が伸びないことも気になっていました。

ある日、**2年生になった菊地から陸上部をやめたいという相談**の電話を受けました。「大東大を復活させてほしい」と送り出したはずの菊地が退部したいと。そのときは90分くらい話したでしょうか。苦しんでいる教え子を助けたいとか、低迷する母校をなんとかもう一度復活させたいとか、仙台育英での10年の区切りがつくとか、いろいろな思いが巡って、彼がやめないようにする口実だったのかもしれないですが、**「お前だけにいうけど、大東大に行くかもしれないからやめるな」**と、その場で伝えました。

せっかく築き上げた仙台育英での栄光。それを返上してでも最終的に私の心を突き動かしたのは、**母校愛**だったのかもしれません。

05

軌跡

箱根駅伝3年連続予選会敗退からの復活！大東文化大で「1」からチーム改革！

2022年4月に私が大東大の監督に就任したとき、部員の半数は故障しており、走らずに補強運動をしていた状態でした。コロナ禍の影響が強かった時期でもあったので、練習をやりたくてもやれない状況ではあったと思うのですが、**チーム全体が「低迷に慣れ切っている」というか、「勝ちにいく」という雰囲気ではありませんでした。**

悪いけれど、最初は高校生のように指導する

高校生を指導する場合は、未成年の子どもの部分が大きいので、割と手取り足取りというか、**細かいことまで口を出す必要がある**と考えています。一方、大学スポーツというのは、**選手自身の自主性を重んじる文化**があり、監督が個人のやり方まで深く切り込

んで細かく指導することはないというのが一般的です。

しかし、私が監督になった直後の大東大は、選手個人に任せてレベルアップできるような成熟したチームではありませんでした。

「私は厳しい。君たちからしたら**高校生のように扱われている**と感じることもあるだろうけど、**今のチームにはそういう指導が必要**だから、当面は私のいう通りにやってもらう」と、チーム全員を集めて今後の方針を宣言しました。どう受け止められるか不安でしたが、幸いにもチーム全員が私のやり方を受け入れてくれたようでした。

全体練習の時間をあえて増やした

初年度の全体目標は、やはり**「予選会を突破して箱根駅伝に出ること」**でした。4月からトラックシーズンが始まり、6月には全日本大学駅伝の予選がありますから、時間はありません。でも、まだ就任したばかりなので、個人の名前と顔も一致しない状態でしたし、個人ごとに細かく目標設定するということはありませんでした。

とにかく、**皆で意思統一を図って練習できる状態に持っていくこと**が最優先。とりあえず皆でジョギングするとか、合同練習を中心に行い、各自での練習は行わずに、**チームとしてのまとまり感を出すこと**から始めました。

たとえば、ピーター・ワンジルは仙台育英卒業後、実業団に3年間所属していましたが、大東大が「日本の文化に慣れた留学生」を探しているということで、私の推薦で前年に入学していたのです。しかし、大東大にとって、彼は初の留学生。扱い方が不慣れなうえ、彼はシャイな性格なので、チームメイトとのコミュニケーションに課題がありました。そこで**皆と一緒に練習を行ったところ、交流する機会が増えたのはもちろん、チームメイトとの競争心が生まれ、練習量も増えていき、**5月の日体大長距離競技会では6年ぶりに5000mの自己ベストを更新したのです。

走りに対する熱量は失っていなかった

内心では、就任1年目で箱根予選会突破はさすがに無理かと思っていたのですが、低迷した集団の雰囲気を持っていたチームは、意外に**吸収力がある**と感じ始めました。当初は6月の全日本大学駅伝の予選は突破できないだろうと思っていたのですが、ゴールデンウィーク明けの合宿をしたとき、予選通過できそうなタイムで走れるようになってきて、「これは行けるぞ！」と思っていたら、**実際に5位で予選を通過**。そこから各種記録会に出場して、皆が自己ベストを更新するようになり、**夏合宿を終えた頃には、これは上位通過できるという手応え**がありました。

この短期間でレベルアップできたのは、元々のポテンシャルもあるのでしょうが、それだけならほかの強豪校のほうが上です。しかし、当時の彼らのなかには、強豪校にも引けを取らない、**走りに対する熱量だけは強く持っていた**学生が多かったと思います。

集団走で箱根駅伝の予選会をトップ通過

箱根駅伝の予選会は1チーム10〜12人でハーフマラソンを走り、上位10人の合計タイムで競います。予選会といっても、明治や早稲田といった強豪校が参加しているわけで、かなりシビアな戦いになります。1年目に関しては、3位目標でしたが、とにかく予選突破すれば何位でもいいと思っていました。作戦としては**「集団走」**。実力ごとに3つのグループに分け、**ライバルと戦わなくていいから、とにかくそれぞれの設定タイムを**

しっかり刻んでいくことに集中させました。ほかのライバルが崩れたことも影響してか、結果は予想外の1位通過。就任1年目でトップ通過だったので、よく**「真名子マジック」**といわれましたが、全然マジックなどではありません。過去の予選会の3位通過の平均タイムを算出して、その**細かい設定を選手ひとりひとりに説明してタイムを刻ませただけ**。特別なことはなにもしていません。突破するにはこれしかないと選択した集団走作戦が功を奏した形ですが、ただ、それゆえに本戦では総合16位に終わり、惨敗しました。**箱根駅伝では、個人がそれぞれ力を発揮しないと戦えません**。我々は、集団でタイムを刻んだだけであり、まだライバルと勝負できるチームではなかったということです。

攻めの走りで2年連続トップ通過

前年の悔しさをバネに、2年目は箱根駅伝に出場するだけでなく、**「シード権の獲得」**を目標に掲げました。前年よりも選手個人のことがよくわかってきたのもあり、個人のさらなるレベルアップを図っていったのです。

迎えた箱根駅伝の予選会では、前年の集団走とは違い、**個々の走りで勝ち切ること**を目標にし、本戦を見据えた**「攻める走り」**を試みました。エースのピーター・ワンジルが途中棄権するというアクシデントもありながら、昨年の記録を７分も上回るタイムで２年連続トップ通過。地道に積み上げてきた個人の能力がきちんと発揮され、選手たちの自信が表れたレースだったと思います。このよい流れに乗って、11月の全日本大学駅伝でも総合７位となって、本学としては**18年ぶりのシード権を獲得**しました。

そして、この年の箱根駅伝は第１００回の記念大会で、大東大は創立１００周年、この記念すべき年に10位に入ってシード権を取り戻すことが私たちの悲願でした。

シード権獲得は奇跡じゃない

２０２４年１月２日、箱根駅伝の往路がスタート。正直、上位５〜６校には歯が立たないかもしれませんが、**そこから下の10位までのライバルたちとの実力差はそれほどなく、戦い方次第で絶対に勝てる**と思っていました。しかし、１区の西川千青《ちお》（当時３年生）が転倒するアクシデントがあり、かなりヒヤッとしましたが、なんとかトップと55秒差の13位でつないでくれました。その後、５区の菊地駿介（当時４年生）に襷《たすき》が渡った時点で14位。2年前には退部も考えていた菊地ですが、期待に応える魂の走りを見せ、往路8位でゴール。翌日の復路も6区の佐竹勇樹（当時4年生）が、区間4位の見事な山下りを見せてくれました。このままアクシデントが起こらなければ……と思った矢先に、8区ピーター・ワンジル（当時3年生）が区間23位という大失速を起こしました。でも、選手たちのなかでは想定内だったそうで（笑）、9区の大谷章紘《ゆきひろ》（当時3年生）ら後続がきちんと実力を発揮して、チームメイトのミスをカバーしてくれました。

マインドセットで驚くほど成長

10区の佐々木がゴールした瞬間、あの低迷に慣れ切っていた選手たちが、これほど**自信にあふれ、強さを発揮できる選手に成長**したことに目頭が熱くなりました。繰り返しになりますが、私は特別なことを指導したわけではなく、そのときにできる「1」を積み上げてきただけ。選手たちも、**「1」という小さな成功体験を積み上げていくことで、少しずつ自信をつけていき、見事大きな目標を達成してみせた**のです。この成功は決して奇跡ではなく、マインドの変革によって、彼らが着実に積み上げてきた結果なのです。

第2章

目標クリアまでの「1＝ストーリー」をつくる

01 マインドセット

明確なビジョンと「1＝ストーリー」をつくる

現在の自分からレベルアップして、なにか目標を達成したいと考えたとき、単に練習をこなせばよいというわけではありません。まずは、**自分がどこに向かって進んでいけばよいのかという「道筋＝ストーリー」を定める**必要があります。心の準備を整えて、**マインドを正しくセットする**ことが、最初になすべき**「第1歩」**です。

ストーリーの道筋を立てるうえで**最初に設定すべきなのが、ゴール地点。すなわち「大きな目標やビジョン」というもの**です。すべての練習や行動はそれを成し遂げるために、つながっていかなければなりません。

たとえば、私たちのチームでいえば、「箱根駅伝でシード権を獲得する」というのが全体の大きな目標になります。しかも、これを**「いつまでに達成するのか？」という具体的な期間も同時に示す**ことが重要です。

大きな目標から逆算してストーリーをつくる

市民ランナーでいえば、「来年3月のフルマラソンのレースで3時間を切る（サブ3）」というのが、具体的なビジョンとなり、そこから逆算してクリアすべき課題を考えていきます。目標を漠然と大きくとらえても、そこから具体的になにをすればよいのかわからなければ、いつまでも目標に近づくことはできません。**人間は、どれだけ大きな目標があったとしても、結局目の前のことしかできないので、目標から具体的な行動にまで落とし込む必要がある**のです。

そのためには、目標に至る道筋に**「見どころ=柱」をつくる**ことが重要です。目標を達成するまでの期間や自分の現在の到達レベルによりますが、たとえば1年計画でやるならば、月にひとつは、**「その期間までに達成していなければいけない条件」**を設定しておきます。フルマラソンで3時間を切るということは、1㎞当たり4分15秒ペースで約42㎞を走り切ることが必要になるので、そこに至るまでにポイントとなる「指標=柱」を設定しておくのです。

「柱」に向かって、小さな課題を積み上げていく

フルマラソンで3時間を切ることが目標なら、そのためにクリアしておくべきポイントを「柱」として設定します。たとえば、フルマラソンの距離を1㎞4分15秒ペースで走ることが求められるなら、少なくとも10000mを39分以内で走っておきたいとか、ハーフマラソンで87分を切っておきたいとか、42㎞を走り切れる脚をつくっておきたいとか、**その過程にクリア必須の条件がある**はずです。そして、これらを柱に設定するなら、**いつまでにこれらを達成しておけば、ターゲットのレースで最終的にサブ3をクリアできるのか**、逆算して配置します。

次に、これらの柱をクリアするにはどのような課題が必要になってくるのか、**柱と柱をつないでいくストーリー**を考え、日々の細かい練習メニューやその日のテーマに落とし込んでいくのです。一度、それらを設定してしまえば、あとは目の前の課題をクリアすることに集中するのみ。日々の練習課題をひとつずつ積み上げていけば、どんなに大きな目標であったとしても、着実に近づいていけるというわけです。

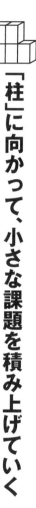

設定の仕方がわからないときは、参考情報を試す

たとえば、大東大の1年間のチーム目標が「箱根駅伝でシード権を獲得する」ことだとすれば、過去数年間のシード校の平均タイムを出して、それを超えられるようにポイントとなる条件をつくります。最終的にハーフマラソンを62～63分で走れる力を身につけることが必要で、そのためには10000mを28分台で走れないといけない、そのためには5000mを14分前半で走る必要があるとか、そういうことを細かく落とし込んでいき、期間を区切って出場する記録会や試合を「柱」として設定していきます。

このような**長期・中期・短期の目標を細かく設定するには、やはり最初に大きな目標を明確にしておくことが大前提**になります。そこから逆算して目標達成までのストーリーをつくっていくのです。

具体的なポイントの落とし込み方がわからないという場合は、**人に聞いた話や、本に書いてあった方法、ネットで検索した情報でもなんでもよいので、参考にして組み立ててみる**とよいと思います。うまくいかなくても、修正すればよいだけの話です。

02

マインドセット

アバウトな目標設定は「逃げ道」をつくる原因に！

人間というのは、勝手な生き物です。最終的に大きな目標を立てたとしても、**期間が曖昧で、遠くにあるものだと、「今日のところは、まあいいか」と流して先送りにしてしまいがちです**。

最終的な目標は、曖昧にしてはいけません。いつまでになにを達成したいのか、目標を明確にしておかないと、そこから逆算して落とし込んだ「柱」となる中期目標も、柱をつなぐ日々の練習テーマも曖昧なものになってしまいます。そうなると、**日々の練習でクリアすべき課題も、「別に今できなくてもいいか」と言い訳をして後まわしにされやすくなってしまう**のです。

大きな目標を明確にすることで、日々の小さな課題も明確になり、**なぜ今この課題をクリアしなければいけないのかという理由も明確になります**。すると、短期的な課題を着実に積み上げることができるので、最終目標もクリアしやすくなるのです。

自分の歩むべき道を選択せざるを得ない状況に

たとえば、スピードの底上げを図るため、3000mをある設定タイムで走らなければいけないという場面で、練習の目的が曖昧で、その設定を達成できなくても「今はいいや」と流されてしまったとします。でも、その翌月に5000mで到達しておかなければいけない「柱＝設定タイム」があり、それをクリアするには、**今3000mでこのタイムをクリアする必要**がありました。それが達成されずに流されてしまうと、**ノルマがどんどん先送りになってしまい、最終的な目標の達成もできなくなってしまう**わけです。

そのため、最終目標は明確に設定し、短期的な課題やその日の練習の目的も明確にしておかなければいけません。「今日の目的は、○○を達成する過程で必要な○○がテーマ」であると、**毎日の練習の目的をきちんと説明できる**のが理想。そうすると、逃げ道がなくなり、自分の進むべき道を正しく選ばざるを得ない状況になるのです。

03

マインドセット

直近のレースなどから自分の「現在地」を確確する

私が仙台育英の監督に就任したとき、名門のプレッシャーから「全国で戦う」という**現況戦力を考慮しない無謀な目標設定をした結果、県予選で敗退してしまう**という失敗をしてしまいました。そこから軌道修正をし、現実的な課題を地道にクリアしていくことで、全国制覇という大きな目標を達成することができたわけですが、このことからも、やはり**自分の現在地というものをしっかり把握したうえで目標設定する**ことは大事です。

では、現在5000mを1㎞5分ペースの25分でしか走れないランナーが、1㎞4分15秒ペースで走らなければいけない、フルマラソンのサブ3を目指してはいけないのかといえば、そうではありません。大きな目標の設定は自由でよいと思いますが、**それを達成するための想定期間内で、細かく設定していくひとつひとつの課題を現実的にクリアできるのか**が問題となります。

実力以外の現実も考慮する

サブ3を目指すのであれば、たとえば5000mのタイムが19分を切っておきたいところ、現時点で25分であっても、予定する期限内に19分を切れれば、現実的といえる範囲に収まります。これが、まったく届かないという状況であれば、**目標を下方修正したり、目標達成までの期間を翌年に延ばしたりすればよい**わけです。

また、本番レースまでにハーフマラソンなどの**トライアルのレースに参加し、実力の現在地を確認しながら、目標の微妙な調整を検討すること**もよいと思います。

さらに、現在地というのは走力だけではありません。**日々の仕事のスケジュールやライフスタイルの関係で、十分な練習時間を確保できない場合**もあります。ほぼ毎日練習できる人と、週末にしか走れない人とでは、**期間内に到達できるレベルに違いが出てくる**のは当然です。そうした、現在の走力や生活を加味し、自分の「現在地」を正確に把握しながら、達成可能な範囲で目標を設定することが大切です。これも途中で修正可能なので、目標設定の段階で遠慮がちになる必要はまったくありません。

04 マインドセット

最終目標と現在地をつなげる「1＝柱」をつくる

繰り返しになりますが、最終的な目標を決めたら、それに向けて指標となるポイント「柱」をつくりますが、私たちのチームでは、「箱根駅伝」を最終目標とするなら、それまでに**4つくらいの柱**を設定します。チーム全体としての柱は当然ありますが、駅伝の場合は出走するメンバーに選ばれるための選手たち個人の柱もあるわけです。つまり、「箱根駅伝で勝つ」という**共通の目標があると同時に、チーム内の競争を勝ち抜くための個人それぞれの目標と柱（設定する柱の数も異なる）が存在します**。

たとえば、夏合宿を終えた時点で、箱根駅伝の本戦を走りたいA選手とB選手がいたとします。A選手は夏合宿の練習を完遂することができましたが、B選手は夏の最後に脚を痛めて2週間ほど休みました。こうなると、**本戦に向けて出場する試合（＝柱）の設定が変わってくる**わけです。このように故障や体調不良などのアクシデントも頻繁に起こります。不測の事態が発生した場合、**柱をひとつ飛ばして、次の柱に向かうという臨機応変な対応も必要**になってきます。このようなストーリーの調整を行うことも重要なポイントです。

目的ごとに柱の設定は異なる

学生駅伝の場合、10000mの記録は絶対的に必要になるので、どこかで10000mの記録会は入れないといけません。また、すでに10000mのスピードはあってハーフマラソンの実績が必要な場合は、箱根駅伝の予選会や上尾シティハーフマラソンなどを柱にし、そこをしっかりクリアするようにします。一方、距離耐性はあるけれど、10000mの実績がほしい場合は、全日本大学駅伝や記録会を柱にする選手もいます。つまり、**「箱根を走る」という同じ目標であったとしても、選手個人ごとの記録の成長過程や練習状況によって、「柱」の内容は変化する**ということです。

市民ランナーでも、サブ3という目標を立てたとして、**柱の設定をはじめとする練習でのアプローチは、個人によってまったく変わってくる**というわけです。

05

マインドセット

毎日の練習は「1=課題」の連続である

最終的な目標を達成するための具体的な手段となるのは、毎日の練習です。これらをしっかりこなし、練習の効果をカラダに適応させながら、柱と柱の間のストーリーをつなげていくことが大切です。

しかし、私は**練習メニューの目的を理解せずに、こなすだけの練習では身にならない**と考えています。「今、なぜこの練習をするのか？　なんのためにやるのか？」というその日のテーマを理解していないと、**同じメニューをこなしたとしても、練習の効果にわずかな差が生じてきます**。それほど意識しなくてもこなせるジョグなども、その意味を理解していないとまったく別の種類のトレーニングになってしまうのです。

その日に2分50秒／km設定でペース走をやるとした場合、**私は選手たちになんのためのペース走なのかを毎回説明しています**。同じペース走というメニューであっても、さまざまな目的があるのです。

たとえば、3日前に運動強度の高いスピード練習を実施して「力を吐き出す」感覚で追い込んだとします。この日のペース走は、3日前に吐き出しているので、逆に「力を溜める」感覚で実施することが目的。ラストで上げてしまうと、試合前にパワーがなくなってしまうので、**溜める意識のペース走**にするといった具合です。

ストーリーに乗せれば自信につながる

自分で設定してよい「フリージョグ」（P107）の練習でも、ポイント練習（P98）後の疲労を抜くことが目的なのか、または翌日のポイント練習に向けて動きを意識することが目的なのか、**その日のテーマによって意識の向け方がまったく変わってくるので、細かいカラダの力感にも違いが出てくる**というわけです。

このように、日々の練習の目的を理解し、ひとつずつ課題をクリアしていくことで、柱の間のストーリーがつながっていき、最終目標に近づいていきます。また、**ストーリーに従って日々成長を感じられる**ため、選手たちの自信にもつながっていきます。

06

マインドセット

クリアできなくても「誤った1歩」ならすぐに修正できる！

毎日の練習の意味や目的を理解し、最終目標へとストーリーをつないでいくことは、**失敗したり、誤った方向に進んだりした場合に、修正しやすい**という利点があります。目的が明確になっているので、たとえ間違ったとしても、**すぐにその間違いに気づくことができ、取り返しのつく範囲で修正できる**のです。目的意識がなければ、日々の小さな失敗に気づくことができず、それが知らない間に積み重なっていき、気がついたら取り返しがつかない状態になってしまう場合もあります。

目的を理解できれば、失敗のリスクが低下

練習の目的と、それに関連する柱と柱の間のストーリーを理解していると、小さな失

敗を犯しても、ストーリーの大筋から外れないように軌道修正することが簡単です。

たとえば、インターバル走（P108）を実施したとき、体調不良で設定タイムを維持できなかったとします。この練習の目的を知らなければ、「体調が悪いから、今回は仕方ない」で終わってしまいます。ですが、この練習の目的が、実はレースの10日前なので「力を吐き出す」という目的があった場合、刺激が不十分なままレースに臨むことになり、失敗する確率が高くなってしまいます。このときに、**目的やストーリーを理解していれば、「今日は力を吐き出せなかった分、1週間前の練習でしっかり追い込んで吐き出そう」というような軌道修正ができます**。取り返しがつく範囲で失敗に気づくことができ、ストーリーを修正しながら進めることができるのです。

また、その日の練習の目的を理解したうえで、もし設定をクリアできなかった場合、「なぜできなかったのか?」という原因を必ず反省し、次の練習で取り戻せるようにしましょう。失敗の原因が小さいうちに判明すれば、大きく崩れてしまう前に修正できます。**小さな「1歩」を積み上げていくことは、たとえ「誤った1歩」を踏んでしまったとしても、すぐに踏み直せることが利点**です。日々の練習においても常に客観的な視点を持ち、自分の練習内容を分析する癖をつけましょう。

07

マインドセット

ロールプレイングゲームのように小さな目標をクリアしていく楽しさ

長距離走の練習は、基本的にキツいことばかりなので、楽しいことがないと続けられません。では、**長距離ランナーの楽しみとはなにかというと、記録が伸びたり、成長を感じたりすること**だと思います。だから私は、練習結果の細かいラップを見るのが大好きなのです。学生たちのタイムが少しずつ伸びてくるのを見ると、**まるでロールプレイングゲームでレベルアップしていくような快感**を得ます。練習のラップが伸びてくるのを見ると、「すごいじゃん！　ここまで走れるようになってきてるよ！」と、学生たちにうれしい感情や感想をそのまま伝えています。学生たちにも練習のラップを見て楽しめとはいいませんが、私が楽しんでいる様子を口にすることで、学生たちも「自分は成長しているのか」と実感したり、「このままの調子でいけば達成できる」という自信につながったりするのではないかと思っています。

レベルアップの過程を理詰めでプレゼン

選手自身は、日々のわずかな成長幅だと自覚しづらいので、私が細かいラップから現在地を読み取って、次の段階への道筋を具体的に示すことにしています。

たとえば、**5000mで14分を1秒でも切りたい**という学生がいた場合、5000m全体でとらえるとアバウトになってしまうので、アプローチとしてはまず**短い距離でのスピードを維持できるようにし、そのスピードを維持できる距離を段階的に長くしていく**ように考えます。1500mを3分50秒で走れたとして、3000mになると単純に倍にして7分40秒。これに30秒を足しても8分10秒で、さらに遅れて8分20秒でも5000mを13分台で走れるので、ある意味40秒余裕ができたといえます。これを踏まえて3000mの記録会に出て、8分10秒で走れたら、1周1秒以上は余裕が持てるので、**「これで次の5000mを13分50秒で走れるイメージができない？」**と聞くと、**できるような感じがしてくる**わけです。理詰めで解析し、目標への道筋を具体的に示すと、達成までのイメージができ、前向きに楽しくトライできるのです。

08

マインドセット

思っているだけでなく、反省を言葉にする

有言実行は、目標から目を逸《そ》らさずに「責任を持つ」という意味で重要といえます。

私は、**目標や反省の言葉は、紙に書いたり、言葉にして人に伝えたりするべきだ**と考えていて、実際、学生たちにはチームの目標や、次のレースの目標タイムをA4の紙に書かせたり、会話で口に出させたりしています。目標や反省を思っているだけだと、**他人に知られることがないので、容易に誤魔化せる**からです。

まず、1500mから10000mまでの自己ベストを書き出し、さらに今年はなにを達成したいのかを書かせます。「箱根駅伝を走りたいのか？　具体的に何区を走りたいのか？　全日本大学駅伝を走りたいのか？」そういったことを表に出して、**自分の決めたことに責任を持たせる**ようにしています。仙台育英時代には、よりわかりやすくストレートに意思を感じてもらうため、壁に張り出してチーム全体で共有するようにして

いました。いつでも誰でも見られるようにしていたので、もし達成できなかったら、それに対して恥ずかしさや悔しさを感じることがあると思います。その思いをバネに「次は頑張ろう」というモチベーションにつなげてもらう意図がありました。

一生懸命やった結果であれば叱らない

チームの目標は、もちろんマスコミの取材を受けたときにも宣言します。それが達成できなかったら「目標は5位では？」と、突っ込まれるわけですが、そういう悔しさがあるからこそ、次の年には絶対達成してやろうという気持ちになるので、**目標を表に出すことは大切**です。

また、試合ごとに選手たちから目標タイムを必ず聞いておきます。もし、それが達成できなかった場合、それが一生懸命やった結果であれば、叱ることはありません。**「なぜ達成できなかったのか？」という原因を選手たち自身に考えさせ、私の見解もその場で選手たちに伝えます**。今回はこうだったからうまくいかなかった可能性があるので、次はこうしてみようという、**建設的な反省を対話で言葉にする**のです。

09
マインドセット
苦手なことに執着するより得意なことを伸ばす

人間、誰でも得手不得手があるものです。誤解を恐れずにいうなら、**不得意なことは100%完璧に克服することなんてできない**と思っています。もちろん、苦手なことから目を逸らさず向き合うことは必要です。しかし、それを完璧に克服しようとしたところで、無理ですし、そこに固執するのは時間のムダだと思います。

たとえば、人間関係でも「苦手な人」に好かれようとするのは至難の業です。こちらが苦手なら大概相手も自分のことをよく思っていないはず。それよりも、その人とは最低限必要な仕事上の付き合いに止め、好感の持てる人との関係を密にしたほうが、互いにとって幸せだと思います。

ですから、**苦手なことの克服度は40%くらいにし、そのほかの得意なことを150%や200%に伸ばして、苦手な部分を補えばよい**のです。

弱点克服ばかりに気をとられない

たとえば、学生のなかでも高強度で追い込むスピード練習が得意なタイプと、その逆にスピード練習が苦手で持久系の距離走が得意であるというタイプがいます。走ることは競争ですから、どうしてもスピードから目を逸らすことはできません。しかし、**2分45秒／㎞のスピードで走れなくても、2分52秒／㎞のペースなら距離対応で補える**ということもあります。そういう場合は、**距離を多く踏むことに考えをシフトし、スピードを維持できる距離を長く延ばす**というアプローチが考えられます。

市民ランナーの場合でも、元々のポテンシャルでスピードが出せないで悩んでいる人がたくさんいると思います。そういう場合は、距離をたくさん踏んで、目標のレースペースを最低限維持できるような距離対応のアプローチに切り替えてよいと思います。

弱点を克服することに気をとられすぎて、苦手な練習を続けて走力に伸び悩むようなら、**弱点へのアプローチは程々にし、自分の得意な方向を伸ばしていくほうが効率がよい**と思います。

10

マインドセット

コーチ（観察者）的な視点を持ち、選手（行為者）として実行する

学生の場合は、私が監督（観察者）として客観的な指摘を入れることができるので、選手は行為者として練習に集中することができます。しかし、**自分の走りを分析し、考えながら練習に臨むほうが、練習によって得られる効果が変わってくる**ので、行為者も観察者としての視点を持つべきだと考えています。

行為者視点だと反省が言い訳になりがち

市民ランナーの場合は尚更で、目標設定や練習の管理もひとりで行いながら、自ら選手となって走らなければいけないので、より観察者と行為者という両方の視点を持つ必要があります。

練習でもレースでも、**設定した目的が達成されなかった場合に、行為者と観察者の視点の違いが色濃く表れる**ことが多くなります。

選手（行為者）の立場から考えると、どうしても**反省材料を外的要因につくってしまう傾向**があります。たとえば、気温が暑かったとか、風が強かったとか、体調が今ひとつだったとか、目先の言い訳に逃げてしまうことが多く見られます。これを観察者の視点からすれば、練習をサボったり、柱となる設定タイムをクリアできていなかったり、**客観的な原因を指摘する**ことができます。

問題となる課題をクリアして、次につなげるためには、やはり**市民ランナーも観察者の視点を意識的に持つべき**だと思います。自由にできる分、達成できなかった原因は解釈次第でどうとでもできます。また、**原因を外的要因につくってしまうと、実質上反省したことにはならず、問題から目を逸らすことになってしまいます**。そうなると、目標を達成するためのストーリーに乗せることができず、課題は先送りになってしまいます。

こういうと、かなりストイックに自分を追い込むものだと勘違いされるかもしれませんが、観察者として100%妥協しないということではなく、問題があるときは冷静に原因を分析し、失敗を次の成功につなげられるような姿勢が大切だということです。

11

マインドセット

行為者と観察者のバイアスの違いに注意する

走っている最中は、選手自身の主観的な感覚で自分のカラダをコントロールするため、主観的な視点というのも、とても重要になります。ただ、**主観的な思考というのは、育ってきた環境などの影響を受けやすく、個人によっていろいろな見え方がある**といえます。大学まで陸上を続けてきた学生たちの場合、中学校や高校時代の陸上部での指導の影響などが強い場合が多く、アプローチに関して**思い込みや先入観といったバイアスがかかってしまう**こともよく見られます。

試合の結果など、ひとつのことにフォーカスして見るときに、主観的な視点だけでとらえると、視野が狭くなってしまい、必要以上にネガティブな考え方に陥ることもあります。そのため、やはり客観的な視点というのは、常に意識して持っておいたほうがよいと思います。

真面目なタイプは自分を追い込みやすい

基本的に長距離種目は、地道で苦しい練習を毎日コツコツ積み上げることが必要になるので、それに適応する性格、つまり**真面目なタイプが多い**傾向があります。

真面目なことは、長距離走でレベルアップしていくなかで有利に働く才能だと思いますが、時に**真面目ゆえにマイナス思考で、必要以上に自分を追い詰めてしまう**こともよくあります。

たとえば、その週に限って、練習の設定をクリアできなかったことで、実力的についていけていないと落ち込んでしまう学生もいます。周囲から見れば、大きくストーリーから外れることもなく、順当にタイムの底上げはできているのですが、**主観的な視点にはまり込んでしまい、広い視野で自分を評価することができなくなってしまう**場合もあります。そういう場合は、監督である私がアドバイスできますが、コーチのいない市民ランナーの場合であれば、**練習で記録したデータなどが客観的な評価の代わりになる**ので、数字で評価してみるのもひとつの手段だと思います。

12

マインドセット

自己分析が苦手なら普段の生活で「なぜ」と問いかける

自分の走りに関して、客観的な視点で分析するというのは、普段から「分析癖」のある性格の人であれば、決して難しくはないと思います。逆に、性格上、嫌なことは「忘れる&流す」といった細かく考えることが少ないタイプの場合、**失敗の原因やわずかな乱れを見つけ出すのが苦手だ**ということもあると思います。その場合、**できなかったことに対して蓋をして、「次できればいいや」と先送りにしてしまいがち**です。そうなると、繰り返しになりますが、目標達成のストーリーから徐々に外れていき、結果的に失敗してしまう可能性が高くなってしまいます。

「失敗の原因がよくわからない。分析できない」と悩むようであれば、**普段の生活のなかで起こるさまざまなことに対し、「なぜ？」と問いかける癖をつけるとよい**と思います。「あの人はなぜこういうことをいうのだろう？　仕事の効率が上がらないのはなぜだろう？　なぜ今日は食欲がないのだろう？」などといった、**自分の身のまわりで起こることの原因を意識的に考える**ようにしてみると、やがて走りの原因についても細かく分析できるようになってくると思います。

学生ランナーは逆に考えすぎてしまう

学生の場合は、考えることが苦手であるとか、分析が得意ではないというタイプは少ないように思います。長距離を走る学生たちは基本的に真面目。最近は特にその傾向が強く見られるようになったというのが、私の個人的な印象です。彼らは、逆に考えすぎてしまうことが多く、**ケガや体調不良のように走れない理由が明らかであればよいのですが、理由がわからないときは考えすぎてスランプに陥ってしまう**ことも。このような場合のほうが、精神的なフォローやケアは難しいように思います。そういうときは、**もう少し広い視点から、むしろ楽観的に考えられるようにアドバイス**します。

客観的に深く考えることは重要ですが、度を超えてしまうのもよくありません。原因がわかったら、いつまでもクヨクヨせず、次に向かっていく前向きな姿勢が大切です。

13

マインドセット

フォームは「変える」のではなく、「変わる」のが理想

ランナーがレベルアップしたいと考えたとき、ランニングフォームを変えようとするケースも多いと思います。フォームを短期間で完璧に修正できるのであれば、それでよいのですが、長距離走の場合、**短期で意図的にフォームを変えるのはほぼ不可能**です。

たとえば、「ひざ下ばかり使うから、後半まで持たないのだ。お尻を使って走れ！」と指導されても、正直どうやって走ればよいのかわかりません。お尻を意識したところで、逆に変な代償動作（ある動作から生じた負担を補う動き）が生まれて、故障の原因になりかねないので、こうした**走動作の修正は、動きづくりのドリル（P113）などを継続して行い、自然に身につけていくのが正解**です。チーム内でも動きづくりのドリルは、メニューのなかに組み込んでおり、故障の予防などにも効果があります。ですから、**フォームは「変える」のではなく、自然に「変わる」のが理想的**です。

大事なのは重心移動

私は基本的に、学生たちのフォームを細かく修正するような指導はしません。当人たちが走りやすいなら自由に走ってよいと思いますし、実際のところ、それが一番理に適った走り方になっていることが多いです。

ただし、**重心移動のエラーだけは修正**させます。ランニングはカラダを前進させていく運動なので、重心が後ろにあると効率よく進めません。**カラダの軸をやや前傾させ、足を重心の真下に接地させながら、カラダを前に運んでいくのが基本**です。

しかし、これも意図的に変えるのではなく、**山登りジョギングなどで重心を前に向けないと進めない状況をつくり、自然に感覚を身につけられる**ように指導します。

仙台育英時代に、吉居大和が初めて5000mで13分台を出したときには、仙台に泉ケ岳という、スキー場まで12㎞くらい登れる道があるのですが、そこでひたすらジョギングを行いました。そうしたら、調整なしでいきなり13分55秒をたたき出したのです。重心移動が改善されたことで、飛躍的に記録が伸びたのだと思います。

14

マインドセット

「心が充実」していないと「練習の質」も下がってしまう

陸上の長距離種目は、とてもキツい練習ばかりしているのですから、**抜くところは抜いてプライベートを充実させていないと心がパンクしてしまいます**。箱根駅伝でトップを狙うようなチームであれば、普段から厳しくする部分は厳しくし、ある意味追い込んで生活しているところはあると思いますが、**フリーの日など遊べるところはしっかり遊んで、心を充実させるべき**だと考えています。

特に、私は男子の指導をしていますが、恋愛も推奨しています。個人的な偏見かもしれないですが、男子は恋人がいると**「パートナーによいところを見せたい」**と頑張る傾向が強いように思います。生物学的な本能で、自分に能力があることを示したいのかもしれません。仙台育英時代も男子は恋愛自由にしていましたし、それで充実感や、やる気が得られるのであれば、むしろ積極的に恋愛してほしいと思っています。

オンとオフの切り替えが大事

恋愛自由だと、失恋したときのパフォーマンス低下が懸念されると思いますが、それには個人差があります（笑）。「自分には陸上しかない！」と自らを奮い立たせるタイプもいますし、「もう走れない……」と、しばらく引きずってしまうタイプもいますが、私はそれでも構わないと思っています。**陸上だけがすべて、と考えてしまうと、苦しい練習ですり減った心を回復する時間がない**ということになります。長期的に考えると、それは逆に効率的ではありません。なにごともメリハリが大事で、**オンとオフの切り替えがないと、人間はうまく生きていけないし、練習の質も下がってしまう**と思います。

もちろん、絶対に恋愛をしなければいけないというわけではありません。**プライベートが充実するのであれば、なんでもよい**と思います。大東大のチーム内にも推しの声優さんに熱を上げている学生もいますし、アニメのフィギュアなどを飾って悦に入る学生もいます。アニメキャラクターの抱き枕をベッドに置いている学生を見ると、監督としては複雑な気持ちになりますが、本人の息抜きになるのなら、それもよしです（笑）。

15

マインドセット

決めた「1＝ストーリー」を実行するのは大事だが、時には逃げてもいい

大きな目標を達成するには、自分で決めたストーリーに乗せて、日々の練習を地道に実行していくことが重要です。また、達成できないことや失敗から目を逸らさず、逃げずに向き合うことが大事だとも、これまで伝えてきました。ただし、**人間は完璧ではないので、もし本当につらくて「もう走りたくない」と思うほどに自分を追い詰めてしまうくらいなら、時には逃げてもよい**と思います。

学生のランナーでも、試合や練習で思うように走れなかったり、故障が長く続いて思い悩んだりし、退部を考えるまで自分を追い詰めてしまう場合があります。極端な話ですが、そのせいで「生きている意味がない」と思うほどであれば、**走ることをやめてほかの道に進んでもよい**と思います。走ることから距離を置くことで、また違った視点で気づくことがあるかもしれません。

今の状況がこの世のすべてではない

競技者のレベルで走っているランナーの場合は、いろいろなプレッシャーを感じることが多いですし、そのせいで追い詰められてしまう人もいます。そのような状況に追い込まれると、視野が狭くなってしまい、まるで「今この状況がすべて」だと、思い込んでしまいがちです。**「走れない自分には存在する意味がない」などということは決してない**ということを忘れないでほしいです。

社会人でもそうです。会社で認められないとか、上司に責められるとか、**その職場に執着することで本当に精神的に追い詰められてしまうようなら、違う環境に逃げてよい**と思います。今見えている世界がすべてではありませんから。

実際に、トップ選手でも一度引退してから復活している選手もいます。陸上と距離を置くことで、単純に走ることが好きであるとか、競技を続けていたときには気づけなかった気持ちが見えることもあると思います。市民ランナーでもストイックに追い込む人がいますが、心が壊れそうなほどつらいなら、一度走ることをやめてもよいと思います。

16

マインドセット

今やるべきことを理解することが楽しさにつながる！

自分で目標を立て、それを達成するために**「今、自分はなにをすべきなのか？」を理解したうえで、その課題をクリアしたときに本当の楽しさにつながる**のだと思います。自分の現在地もわからずに、ただ目の前のことを漠然とクリアしただけでは、楽しさにつながってはいきません。

昔は、軍隊のようなトップダウン式の指導で、なにも考えずに、とにかく監督のいうことを聞いていればよいというような**「こなす感覚」**で練習に臨むことが普通でしたし、それで通用していた部分もあります。

ですが、現在は昔よりレベルが上がり、さらに抜き出た力を発揮しなければ、通用しなくなっています。ただ、**監督から指示された通り「やらされている感覚」のマインドだと、自分の力を最大限に発揮できなくなってきている**のです。

自分で考えるランナーが強くなる

強くなるランナーというのは、やはり自分の現在地というものをしっかり理解し、今やるべきことを着実に積み上げることができていると思います。

仙台育英時代の吉居駿恭は、まさしくそういうタイプ。真面目すぎて自分を追い込みすぎる一面もありましたが、**自分の目指す方向性を定め、コツコツと自分の意思を持って練習を積み上げるスタイル**でした。だからこそ、大学でも好成績を残すことができ、今後も日本陸上界のトップを目指すようなランナーに成長できると思います。

箱根駅伝で9年ぶりにシード権を獲得した本学も、次なる目標、さらなるレベルアップを目指して努力を続けています。次に目指すべきは「3大駅伝すべてでトップ5に入ること」。このレベルになってくると、選手ひとりひとりの「抜き出た力」が必要になってきます。そのためには、**学生たちが自主的に考えながら目標に向き合い、自分を「いい感じ」に持っていくマネジメント能力が求められてきます**。これからの時代、それができて初めて自分の限界を突破し、最大限の能力を発揮できるのでしょう。

Column

真名子式レースのマインドセット①

レース前に「調子はどうだ？」と聞かない！

ランナーのタイプによりますが、多くの場合、レースの前はネガティブなことを考えがちです。私の場合、レース直前に気をつけているのは、選手たちに「調子はどうだ？」と聞かないことです。調子を聞いたときに限って、選手たちが失敗してしまうことが多かったのです。やはり人間ですから、調子を聞かれると、ちょっとでも不安な要素があれば弱気になってしまいますし、逆に調子が悪いと見られたくなくてなにもいわない選手もいますが、いわないことが胸のつかえになって、不安を増幅させてしまうこともあります。

もはやこの段階になると、調子の良し悪しは関係なく、調子が悪くてもベストを尽くして走ることに変わりがないですし、対策できることはすべて練習でクリアしてきているわけですから、レース直前にいろいろ悩んでも仕方がありません。

私の場合は、レース2〜1週間前の大きく負荷をかけるポイント練習の出来を目安に考えており、もしそれが順調にクリアできていたとするなら、「あれだけ走れていたのだから、絶対に大丈夫だ」と、具体的な根拠を示しながら自分に自信が持てるような言葉をかけるようにしています。

たとえ、それで失敗してしまったとしても、その原因は必ずどこかにあるので、課題が明確になったと次のチャレンジに向けて前向きにとらえればよいだけの話です。そもそも挑戦して損をすることはなにもないので、レースを走ることにネガティブな不安を抱える必要はないのです。

第3章

練習で
目の前にある
「1＝課題」を
クリアしていく

01

真名子式トレーニングの考え方

毎日の練習では「1＝目的」を理解する！

大きな目標を達成するための具体的な方法は、結局のところ**日々の練習における課題をひとつひとつクリアしていく**しかありません。毎日の練習メニューには、必ず目標から逆算した小さなテーマがあり、柱と柱の間をつなぐストーリーがあります。まずは、そこをしっかり理解して練習に臨むことが、目標達成の大前提となります。

私もその日の練習が始まる前に、**その日の練習テーマ、ストーリーのなかでどういう位置づけなのか、それに対するポイント**などをチーム全体に伝えます。

全体のテーマがあるなかで、学生たち**個人それぞれに特別に意識してほしいミッション**などがあれば、それぞれに直接伝えることもします。

レース前の調整期であれば、「力を吐き出す。力を溜める」ということをし、レース当日に最高のパフォーマンスを引き出せるような流れをつくります。たとえるなら、**「弓**

矢を構えながら、最大限の力で弓を引き、力を溜めた状態をつくって、試合で一気に矢を解き放つ」イメージです。力を入れすぎると、疲れて弓が一杯まで引けなくなりますし、力を抜きすぎても弓がゆるんでしまいます。最終的に最高の状態で矢を放てるように、練習で力の出し入れをしながら、弓の張り具合を調節していくのです。

クリアできなかったら必ず反省

もちろん、人間ですからすべての練習を完璧にクリアすることはできません。しかし、クリアできなかった場合は、絶対にそのままにしないことが大切です。**クリアできなかった理由を必ず考え、次にそれを改善して達成できるようにつなげていきます。**

たとえば、午後の練習で腹部の差し込み痛が起こって、設定タイムを維持できなかった場合、昼食をとった時間が遅すぎたのかもしれないということであれば、早めに昼食をとって練習までの休息時間を長めに調整するとか、**ミスが発生した原因を確実につぶしていく意識を持つ**ことです。まさに、ビジネスでいうＰＤＣＡ（計画、実行、評価、改善）をまわしていくような感覚で、日々の練習に臨むことが成長につながります。

02

真名子式トレーニングの考え方

試合に勝つには「本能」に従って走ることも大事

競技で長距離を走る場合、設定タイムなどの記録を追いながら走ることが多いかもしれませんが、私は、それだけでは**「強いランナー」「勝負に勝てるランナー」**にはなれないと考えています。なぜなら、**長距離走は相手と順位を競うスポーツ**だからです。

たとえば、複数のライバルと競りながら並走しているとき、タイムを見たら自分が理想とするペースより速かったとします。その場合、展開によるとは思いますが、タイムを優先してライバルについていくことをやめてしまったら、その後のレース展開はかなり厳しくなることが考えられます。

勝負に徹するなら、そこは**設定ペースに固執することなくライバルに食らいついていく覚悟が必要**であり、私は「ここで離されるわけにはいかない」と本能的に判断できることが強いランナーになるための条件だと思っています。

動物はタイムを気にして走らない

動物は獲物をとらえたり、天敵から逃げたりするために必死に走ります。当たり前のことですが、彼らはタイムなんて気にしていないし、本能で走っているだけです。

人間も狩猟生活をしていた頃は、獲物を追って必死に走っていたわけですから、**本来の走るという行動は、「本能に従って走る」ことが本質だった**はずです。

競技として走っている我々も、**根底では「本能で走る」という「走りの本質」を追求していかなければならない**と考えています。

たとえば、トラックのレースでも、記録会ではよいタイムを出すけれど、日本選手権のような順位を争うレースでは力を発揮できない選手がいます。こういうケースから見ても、**自己記録を出すことと、ライバルとのレースに勝つこととは、走り方や戦い方がまったく違ってくる**のです。設定タイムを追うことも大切ですが、基本はライバルたちとの競争なので、「絶対負けない。離されない。追い抜く」といった意思や感情に正直な走り、シンプルで本能的な走りを磨いておくことも重要だと思います。

競争なら記録より順位に価値がある

たとえば、2023年の日本選手権10000mでは、太田智樹選手（トヨタ自動車）や相澤晃選手（旭化成）が日本記録を更新しましたが、彼らに競り勝って優勝したのは塩尻和也選手（富士通）です。3人とも素晴らしい記録でしたが、やはり順位を争うレースでは、1位になることのほうが重要です。極端な話、10000mを**自己ベストで3位になるより、記録が平凡でも優勝することのほうが価値は高い**と私は考えています。

ジョグの動きで競わせる

競争で勝つには、やはり目の前のライバルたちと戦う姿勢が大事です。そのためには、本能に従って「本質」に迫っていくような走りが重要になってきます。実際に我々のチームでは、走りの本質をイメージした練習も取り入れています。

たとえば、練習の終わりに1000mをフリーで走ることがあるのですが、あくまで

ジョグの感覚の範囲内（最低4分／㎞ペース）で競い合うことをルールにしています。先頭がペースを上げていくわけですが、たとえ3分／㎞ペースまで上がったとしてもジョグの感覚であれば、それについていかなければならないという設定です。

この練習は、ジョグの感覚で走るのがポイント。トップレベルのランナーたちはムダな動きや力みもなく、ゆったり走りますが、それでも2分40秒／㎞くらいのスピードで走ることができます。**ジョグの動きのまま、速いペースで走れることは、まさに長距離走における理想的な走り方**であり、駅伝のような長距離レースでは**ジョグの感覚でいかに速く走れるかが、勝負のカギを握ります**。しかも、レースでは、**どこでペース変化があるのか、わからない状況で対応しなければなりません**。急に仕掛けてくるランナーもいれば、思いがけずスローペースになる場合もあります。そうした状況を想定することによって、競り合うという「本質的な走り」を養えるような練習を実践しています。

2022年の第98回箱根駅伝で吉居大和（当時中央大学2年生）が1区の区間新記録で区間賞を獲得したときは、5㎞くらいから飛び出してそのまま独走になりました。チームの戦略もあったのでしょうが、あのような勝負勘がまさに**「走りの本質」に迫った走り方**といえるでしょう。

03

真名子式
トレーニングの
考え方

市民ランナーは「タイム」と向き合うこと！

競技者の場合は、記録や設定ペースだけでなく、本能に従って走る「走りの本質」を追求することが大事だといいましたが、市民ランナーの場合は逆です。

市民ランナーは、ライバルと順位を争うというより、自己ベストの更新という記録をメインに勝負している場合が多いと思います。駅伝やトラックレースで順位を争っているランナーもなかにはいると思いますが、市民マラソンなどで目標とするタイム内にゴールすることを目指して走っていることがほとんどでしょう。

その場合は、**記録との勝負になるので、あくまでもタイムと向き合うことが重要**になります。本能のままにペースを乱して前半から飛ばしすぎてしまうと、むしろ失敗する確率が高くなってしまうので、日々の練習においても、**設定されたペースにこだわる**ことがポイントになります。

ジョグのペースも明確に設定すべき

市民ランナーのレベルであれば、マラソンのレースが主戦場になると思いますが、その場合、競技者レベルのスピードを求められることは、ほとんどないと思われます。どちらかといえば、**ジョグのスピードの範囲内でどれだけ速いペースを維持できるか**が、目標達成のカギを握ります。

日々の練習でもジョグがペースを占めると思いますが、このときのペース設定を曖昧にしているケースが多く見られます。市民ランナーの場合は特に、**ジョグの質を高めることが重要**なので、ジョグ練習においてもしっかり**目的やテーマを持ちながら、明確にペース設定をして走る**必要があります。

フルマラソンが最終目標であれば、**ジョグのペースを底上げして長く維持することがそもそもの課題となる**ため、普段から設定タイムと向き合いながら、走り込む意識が大事。もちろん、インターバル走（P108）などのポイント練習も**目的に応じたペース設定をし、それをクリアすることが、目標達成までの明確な指標になる**と思います。

04

真名子式トレーニングの考え方

自分の戦いを明確にする！

自分が目標としているレースが、**順位を競うものなのか、それとも自己ベストを追求するものなのか、狙いを明確にする**ことが重要です。それによって、練習メニューの組み方もガラッと変わってくるからです。

記録狙いであれば、設定されたタイムのなかでしっかり課題をクリアしていけばよいのですが、順位を競うのであれば、「強さ」の部分もしっかり練習しなければなりません。

基本的な練習は設定ペースのなかで実践していくのですが、ペース変化への対応力に関してはペースメーカーにしかペース設定を伝えずに行う変化走（P110）のような練習で強化していきます。しかし、**レースでのリアルな駆け引きなどは、練習で仮想体験させるには限界があるので、実際に記録会やトライアルレースに出場することで、身につけさせていく**ことが多いです。

トラックと駅伝とでは、戦い方が変わってくる

実際のレースでは、誰も先頭で引っ張りたがらずに超スローペースで牽制し合う場合もあり、**そこで行くべきか、抑えるべきかといった判断**を自分でしなければいけません。先頭で引っ張ると、エネルギーの消費が大きくなるため、後ろにつくほうがラクに走れるのは事実。そこで安易に先頭に立つと、ペースメーカーに使われてしまう不安もあるわけです。順位を争う場合は、ラストのスパート力があれば後ろにつくのが有利ですし、スパート力がない場合はどこで飛び出すかの駆け引きが重要になってきます。

記録を狙う場合でも、位置取りは重要ですが、最優先すべきは設定ペースを守ることなので、駆け引きはそこまで重要ではありません。ただし、**駅伝の場合は順位を競うレースですが、区間が進んでいくほどライバルとの距離が開き、単独走になるケースが多いので、その場合は設定ペース通りに走ることが重要**になってきます。シード権を獲得した2024年の箱根駅伝の10区で前を行く10位の東海大学を見えない状態で追いかけたときも、ペースコントロールが成功したからこそ、逆転できたといえるでしょう。

05
真名子式トレーニングの考え方

スピードはある程度ポテンシャルが決まっている

長距離走の世界は、年々高速化しており、**スピードを重視する風潮**があります。しかし、**スピード能力というのはある程度ポテンシャルが決まっていて、努力では補えない部分もある**のは事実です。

たとえば、長距離ランナーに100mを10秒で走れといわれても、ほぼ不可能。短距離に適した筋肉の質や瞬発力というのは、持って生まれた才能によるところが大きいのです。速い人でも12～13秒のランナーが多いと思います。

ちなみに、仙台育英時代の吉居大和は、ヨーイドンで計測した100m走のタイムより、5000mを走ったときのラスト100mのほうが、タイムが速かったというのがあります。これは、スタート動作でもたついてしまうことが原因。彼は、瞬発系の運動が苦手でしたが、その代わりスピードの持続力が抜群に優れていたのです。

スピードを維持するのも才能

短距離の瞬発性もそうですが、**長距離の持久的なスピード維持力も、ある程度の才能が必要**だと思っています。

たとえば、箱根駅伝のトップランナーは、2分50秒/㎞くらいのペースでハーフマラソンの距離を走るのですが、それを100mに換算すると17秒になります。100mを17秒というと、**一般人の感覚からすると、もはや全力疾走といえる速さ**です。たとえ100m走るのに20秒かかったとしても3分20秒/㎞ですから、それでもかなり速いと思います。このスピードで1000mだけでもトライしてみるとわかると思いますが、これを**20㎞以上持続するのはとても想像がつかない**と思います。長距離でスピードを維持するのもひとつの才能なのです。

ただし、**市民ランナーの場合は、そこまでのスピードを求められることはありません**。サブ3なら100m25秒、サブ4なら34秒程度のスピードで十分なので、才能がないからとあきらめる必要はまったくありません。

06

真名子式
トレーニングの
考え方

市民ランナーは距離を走れることに重きを置く

市民ランナーのレベルならサブ3でも4分15秒／㎞のペース、100m25秒程度のスピードがあれば達成できるので、スピード能力をそこまで高いレベルで要求されることはありません。しかし、このスピードを持続させるのがとても難しいというわけで、市民ランナーの上位数％しか達成できていないわけです。

そのため、市民ランナーの場合、**スピード強化でアプローチするより、距離を多く踏んだほうが設定ペースを長く維持するには、有効な手段**といえます。やはり、長い距離を走るのであれば、練習での走行距離に比例して成功率が高くなるのではないかと思います。本当に超天才的なランナーの場合、一発勝負だけなら走行距離をそれほど踏まなくても成功する可能性もありますが、そこから**継続して記録を伸ばしていくには、やはりそれなりの走行距離が必要になってくる**と思います。

國學院大学の平林選手の成功例

2024年の大阪マラソンで、國學院大学の平林清澄《きよと》選手（当時3年生）が、2時間6分18秒という素晴らしい記録で優勝し、初マラソンの日本記録を更新しました。私は、スピードを出すなら20～24歳くらいがベストだと考えており、そのため**大学3～4年生になった頃が一番強くなる**のではないかと思っています。昔は、実業団の選手に大学生は歯が立たなかったのですが、そのうち日本記録も大学生から出る時代がやってくるかもしれません。

報道によると、このときの平林選手は、月間1200㎞も走っていたそうです。1日に換算すると40㎞ですから、想像を絶する距離です。彼の場合は、筋力が比較的少ないためにスピードがなく、持続力で勝負することを選択せざるを得なかったのだと思います。そのため、**走行距離を踏むことでスピードの持続力を高めていき、それが功を奏したの**だといえるでしょう。これは極端な例ですが、スピードのない市民ランナーが走行距離でアプローチすることの有効性を示す一例だと思います。

07

真名子式トレーニングの考え方

ハーフマラソンまではトラックをベースに強化

ハーフマラソンで記録を狙って走る場合、フルマラソンの練習の流れから入ると、スピードの要素が削られてしまうので、個人的には**トラックの練習でスピードを養っていく延長線上で狙う**ほうが、うまく走れると考えています。ただし、これは指導者によって、いろいろな考え方があると思うので、あくまでも個人的な意見です。

箱根駅伝でも10000mのタイムが、選手たちの走力の目安とされていると思いますが、私も実際に**5000m、10000mと刻んでいった先にハーフマラソンがある**と考えて指導しています。

たとえば、箱根駅伝に向けて**ハーフマラソンを62分くらいで走れるようにしたいと考えると、10000mは28分台で走れる能力が必要になってきます**。そこからさらに、28分を切って27分台になってくると強豪校のエース級ランナーのレベルといえます。ただし、年々高速化が進んでいるので、いずれ**大学生も27分台が当たり前になってくる**可能性があります。私が大学生だった頃は、箱根ランナー全体で28分台が20人程度だったのが、今では1チームに20人くらいいるレベルです。そう考えると、近い将来にエースは26分台で走る時代がくるかもしれません。

夏まではトラックが中心

大学のチームは、駅伝やマラソンのレースが一段落した頃から、春のトラックシーズンに向けてスピード練習などの鍛錬期に入ります。そこから**夏合宿の前までは、トラックでのアプローチがメインとなり、スピードを磨いていくのが定番**です。

夏合宿の頃から、距離に対応した走り込みが中心となり、10月の出雲駅伝、11月の全日本大学駅伝、そして正月に箱根駅伝と、どんどん区間距離が長くなっていくので、**必然的に練習での走行距離が増え、トラックからハーフマラソンへの流れが自然にできている**と思います。そう考えると、大学生選手が夏開催の五輪や世界陸上などのトラック競技で活躍するなかで、駅伝の調整をするのは大変だったのではないかと思います。

08

真名子式トレーニングの考え方

「ケガをしない」ことが長距離走で成長するコツ

長距離走は、長い時間をかけてコツコツと練習を積み上げることで、目標を達成できるだけのカラダの強さや走力を身につけていきます。そのため、**レベルアップするために一番重要なのは、継続して練習できること**だといえます。ゆえに、ケガをせずに長く走れるカラダをつくることは、チーム全体にとっての必須課題になるわけです。

どんなに速く走れる才能があったとしても、ケガをしたら意味がありません。**「ケガをしない」ということが、長距離走で成長する一番のコツ**です。

動きづくりでケガ予防

ケガをしやすいのは、運動の準備ができておらず、**関節の可動がよくない状態のまま**

で無理に走ることです。たとえば、股関節が詰まった感覚のままで走ると、股関節が動かないのでひざ下を使って走ることになります。**ひざ下の部位は、筋肉量が少ないので肉離れや骨折につながる**ことが多くあります。

また、地面に足を接地させる方法に問題があって、すねに炎症を起こす**「シンスプリント」になってしまう**ケースも多く見られます。

このような動作不全を改善し、ケガを予防するために重要なのが**「動きづくりのドリル」**（P113）です。

競技者レベルの場合は、チームとして練習メニューに組み込まれているので、定期的に実践することができますが、市民ランナーの場合、**運動の準備をせずにいきなり走り始めることが多いと思います。しかし、それが故障を生み出すリスクを高めている**のです。繰り返しますが、準備は絶対に大事です。

ただし、動きづくりは、若いうちにやっておかないと動作感覚が身につきにくいということがあります。市民ランナーは中年になってから走り始める場合も多いと思いますが、動作感覚の修正という意識より、**ジョグの前にカラダを温めるとか、関節や筋肉をほぐすといった、準備体操感覚でドリルを実践する**とよいでしょう。

09

真名子式トレーニングの考え方

フォームは「動きづくりのドリル」や「坂道ラン」で修正

フォームについては、**「変える意識は必要ない＝自然に変わるのが理想」**とすでに述べましたが（P68）、重心移動については改善したほうがよいですし、**すべての練習メニューのうち1～2割は動きづくりに費やしてもよい**のではないかと思います。つまり、走行中にフォームを意識する必要はありませんが、よい動きができるようなアプローチは継続して行っておいたほうがよいということです。

坂道を利用して重心移動をスムーズに！

前述したように（P69）、重心移動の改善には、**上り坂を利用して動作感覚を自然に身につけていくのが効果的**です。重心を前に置きながら、地面を押してカラダを持ち上げていかないとスムーズに進めないので、**上り坂をジョグするだけでも重心移動が改善されていきます**。私たちの実際の練習でも10km以上の上り坂をひたすら走るメニューも実施することがあります。

また、時には下り坂を利用することもあります。下り坂の場合は、着地の衝撃による脚へのダメージが大きいので、長く走ることはせず、ウインドスプリント（P112）などで利用することが多いです。

下り坂を走る場合も、重心が後ろに引けてしまうと、スピードに乗って走ることができません。**下り坂であっても、結局重心は前に持っていく**ことになります。しかも、スムーズに下るには、**脚を素早く返して回転を速くする**必要があるため、重心移動と脚の返しを身につけるには、下り坂のウインドスプリントが効果的なのです。

ちなみに、2024年の箱根駅伝において、下りの6区で58分24秒を記録し、区間4位となった佐竹勇樹ですが、当初は下りを走る予定ではありませんでした。彼が3年生のときに「試しにやってくれない？」と走ってみたら、**恐れずに下り続けられる適性があった**のです。ブレーキをかけてしまうと、下りはダメージが大きくなってしまうので、動きの適性以外にも、そうした心理的な適性もあるのではないかと思います。

10

真名子式トレーニングの考え方

ポイント練習は週に2～3回入れる

競技者として陸上をしている人であれば、**「ポイント練習」**は聞き慣れた言葉だと思います。ポイント練習とは、プログラムのなかで重要度の高い練習であり、インターバル走（P108）をはじめとする**高強度のスピード練習や、長い距離を走る距離走（P110）などで追い込みながら、カラダに大きな刺激を入れる**ことが主な目的です。

一方、動きづくりやジョグなどは**「つなぎの練習」**といい、ポイント練習の間を効果的に埋めることで、刺激した能力をカラダに適応させるとともに、疲労したカラダの回復や、高強度トレーニングに向けた調整を図っていきます。

多くのチームでは、水曜と土曜にスピード系や心肺系のメニュー、日曜に距離走などを入れ、**週に2～3回ポイント練習を組み込んでいる**ケースが多いと思います。私たちのチームの場合も、グラウンドの混み具合などの都合で曜日を変えながらですが、週に

2〜3回はポイント練習を実施しています。

市民ランナーもポイント練習をやるべき

市民ランナーの場合も、ポイント練習は入れるべきだと思います。ジョグやペース走をメインに練習することが多いと思いますが、基本的に**距離でアプローチすることを意識して、できるだけ長い距離を確保**するようにしましょう。

週に1回は、距離走を入れるとよいと思います。ただし、それだけだと刺激が単調になってしまうので、**スピード練習**で心肺を刺激するのもよいでしょう。ケースバイケースで、**週1でいずれかを入れるとよい**と思います。

有酸素運動は、心肺を追い込むことが重要なので、たとえば、距離走の後にプラス1kmでちょっと追い込むとか、ジョグのラスト1kmのスピードを上げるとか、**刺激に変化を加えるのも有効**です。もちろん、インターバル走のようなスピード練習を行ってもよいでしょう。長い距離ばかり走っていても飽きてしまうので、ポイント練習でメリハリをつけることが、**気分転換にもなる**と思います。

11

真名子式トレーニングの考え方

練習前は「動きづくり」、練習後は「ストレッチ」

これは、アスリート全般にいえることですが、故障防止という意味も含め、**練習前のウォーミングアップと、練習後のクールダウン&カラダのケアはすごく大事**なことだと思います。

私たちのチームでは、必ずポイント練習の前には、動きづくりのドリルを実施して、カラダを温めておきます。**カラダの可動をよくした状態に準備を整え、走りのパフォーマンスを上げていくことが重要**です。せっかく高強度で追い込むのですから、同じ苦しい思いをするなら、質の高い練習にして得られる効果を増大させたほうがよいと思います。もちろん、動きの改善によって故障リスクも低下します。

練習終わりに行うクールダウンも重要です。**刺激した心拍や血流、筋肉の緊張を徐々に平常時に戻していくのがクールダウンなのですが、基本的にジョグで実施**します。

ダラダラと長いダウンジョグをさせることもあるのですが、学生たちにとっては比較的ラクに感じながらもリズムよく走れる4分／kmペースで4kmほど走ってパッと終わらせることもあります。

練習後のケアも忘れずに

チームでは、わざわざ練習メニューに組み込むことはしていませんが、練習後は各自カラダのケアを行っています。主にやっているのはストレッチですが、特に脚のケアは注意深く行うように指導しています（実際は大学に入る前からの習慣になっている学生がほとんど）。

市民ランナーの場合、ストレッチが面倒くさいのか、あまり時間をとっていないケースも多いようですが、**練習前には後述する動きづくりのドリル（P113）で軽くカラダを温めてから走るようにしたほうがよいですし、練習後はストレッチ（P136）で筋肉の緊張をゆるめたほうがよい**です。放置しておくと、そのまま固まってしまったり、炎症が進行したりするリスクが上がるので、少しでも時間をとるように心がけましょう。

12

真名子式トレーニングの考え方

練習に「心を込める」と格段に伸びる！

自己記録を更新したいといった目標を持って走るなら、**日々の練習にどれだけ目的意識を持って真剣に取り組めるか**が重要になってきます。いわれたことを「こなす感覚」で練習を行えば、ある程度カラダは鍛えることができます。しかし、それだけでは、ある一定までは成長できますが、そこから**自分の限界の壁を越え、上限レベルを解放するような目覚ましい成長**を遂げることはできません。記録に伸び悩んでいるランナーは、**「きちんと練習に心を込めているか？」**ということを振り返ってみてください。

同じ練習内容でも心の持ち方で変わる

私が新入生に必ず話す、たとえ話があります。

とあるメーカーの５００mlのスポーツドリンクがあります。それは、どこでも売っているような普通のドリンクです。でも、それは**君の恋人が練習終わりに飲んでほしいと用意してくれたもの**でした。それはとても美味しく感じますよね？　ところがある日、その恋人が用意してくれたドリンクを仲間が勝手に飲んでしまい、君はとても怒りました。申し訳なく思った仲間は、お詫びに同じドリンクを5本買って返してくれました。それでも、君の心のなかでは勘弁できない感情が残っているでしょう。**まったく同じドリンクであったとしても、それには恋人の真心が込もっていないから、味も美味しく感じない**はずです。それは練習も同じです。どこの大学も**同じような練習メニューを実践しているけれど、その練習に対してどれだけ自分の気持ちをたたき込めるか**で、効果がまったく変わってきます。

精神論のように聞こえるかもしれませんが、実際に、カラダの微妙な力感や、心理的な影響によるパフォーマンスの違いは出てきますし、目標の達成度も変わってきます。

絶対に目標をクリアしたい、そのためには**「今、この練習に全力を尽くす」**という、明確な目的意識と、レベルアップしていくプロセスを楽しみながら、「やってやろう」という前向きなマインドを持つことが、**「伸びる練習」の一番のコツ**なのです。

Column

真名子式レースのマインドセット②

レース中の声かけは「情」に訴える

箱根駅伝では、運営管理車からの「監督の声かけ」も注目されることがありますが、私も声が大きいほうなので、レース中は選手たちに向けて、必死になって激励の言葉をかけるタイプの監督だと思います。

レース中にかけるのは、基本的には「褒める」言葉です。レース中に叱ったところで、萎縮して走れなくなるだけなので、前向きな気持ちになれる言葉をかけています。また、レース中は選手たちも必死ですし、周囲の「ワー」という歓声も大きくて、「もう少しフォームをこうしろ！」などと細かいことをいっても伝わらないので、走りがよくなることはありません。レース中の走りによい影響を与える言葉というのは、やはり「情」に訴えかける言葉だと思います。支えてくれた家族のことや、走れなかった先輩や同僚のこと、そうした「心を熱くさせる」言葉をかけると、それをエネルギーに変える選手が多いと思います。

第100回の箱根駅伝で7区を走った小田恭平（当時3年生）は、後半に失速してしまうことが多い選手でした。その日も心配ではあったのですが、15km 地点で彼の高校の先輩である倉田蓮《れん》（当時4年生）という箱根路を走れなかった学生に給水係をお願いしたのです。彼は倉田という先輩がいたから大東大に入学したこともあり、彼にとって特別な存在でした。そのときに、倉田に関することで熱い言葉をかけたのですが、小田はガッツポーズを返して、見事区間6位で走り切ってくれました。

やはり、そうした心が奮い立つような言葉は、選手に想像以上の力を与えてくれることがあるのだと思います。

第4章

自己記録の壁を破る！
真名子式
練習メニュー

目的を理解して確実に「1」を積み上げる!

真名子式 練習メニューの考え方

全12項目

練習の目的や効果を理解する！

日々の練習メニューは、目標から逆算したストーリーによって組まれるものです。目標のレースで最高のパフォーマンスを発揮できるよう、練習で**力を「吐き出す・溜める」を繰り返しながら、弓矢の張り具合（P78）を調整**していきます。そして、具体的な課題をクリアするためには、**各練習メニューの目的や効果を理解し、狙いを明確にする**ことが重要です。

練習名右の英字の略称は、P148以降の練習メニューに対応しています。

01 ジョギング JOG

長距離練習のなかで7〜8割を占める重要な種目。ペースが上がっても「ラクな感覚」で走れるのであればジョギングの範囲内とし、さまざまな目的で活用している。

リズムジョグ RJ

先頭のリズムに合わせて走るジョグ。リズムダウンさえ避ければ、リズムのキープでもアップでも構わない。集団で走りたくない場合は、集団よりも速いリズムなら抜け出しても OK。また、どれだけリズムが上がってもジョグの意識で行い、無意識にリズムが上がるのが理想だ。距離よりも時間で設定すると、走行距離などによって調子や成長度を図る目安にもなる。ポイント練習のつなぎや、ダウンジョグとして活用することも多い。

リズムアップジョグ R-up

先頭はどれだけ疲労があったとしても、**必ず意図的にリズムを上げていき、後ろにつくものはそのリズムに合わせて走るジョグ。**ペース変化への対応力強化や、ポイント練習に向けた動作感覚の調整などに利用する。

ロングジョグ LJ

激しいポイント練習の次の日に、酸素と血液を体内で循環させながら、**じっくり距離を踏むジョグ。**負荷を軽減しながらも距離を落としたくない時期や、脚が疲労で動かないときでも走れる動作を定着させる意図で実施する。

フリージョグ FJ

そのときの目的によって、**自由な設定で走るジョグ。**レース直前の調整時に、カラダの状態などを考慮して走るケースが多い。

02 インターバル走 Xm×Y

全体的には実戦練習の意味合いが強い練習。速いペースで走る区間と、つなぎのジョグ区間を数本繰り返すことで、目標のペースで走り続ける力を強化していく。

ショートインターバル

200〜1000m×本数で実施することが多い。目標ペースで走れるように、まずは、スピードの動きを定着させる目的で短い距離から始め、ミドル〜ロングと距離を延ばしていくなかでの第1歩となる。目標より速いペース設定で実施し、レースペースに余裕を持たせたり、力を吐き出したりするケースが多い。つなぎのジョグは200〜400mで実施する。

ロングインターバル

大事なレースの3週間〜2週間前に実施。目標とするレースをイメージして負荷をかける。たとえば、箱根駅伝や予選会でハーフを走る3週間前に12km＋3kmで実施し、12kmはレースペース、3kmはそれより速いペース設定で追い込む。この結果が、本番レースに向けての調子のバロメーターにもなる。また、距離耐性を強化するための鍛錬期の練習で活用することも多い。**5000m以上の距離設定で実施するのが基本。**

ミドルインターバル

2000〜4000m×本数で実施し、つなぎのジョグは200〜400mで目的に応じて設定する。ショートとロング双方の要素を併せ持ち、年間通して定期的に活用するが、試合前だと高強度の刺激を入れる10日前〜7日前に行うことが多い。スピード持久力を底上げするには、定期的にガマンする練習が必要となるが、ロングばかりだと精神的に追い込まれていくので、ミドルの距離でメンタルストレスを軽減し、質が高い状態で走れるようにする目的で実施する場合もある。

03 ビルドアップ走 B-up

溜めるパターンと吐き出すパターンがある

R-up（P107）より速いペースでスタートし、3分20秒 /km →3分10秒 /km →3分00秒 /km などと**徐々にペースを上げていきながら、ゴール時に最速ペースになる練習**。全力を出し切らない「溜める目的の練習」と、最後まで出し切る「ポイント練習」の2通りがある。大東大では、スピード練習の2日前に前者の目的で実施することが多い。吐き出す場合は、ラストのペースアップの上限を外したり、1000m をプラスしてさらに速いペースで追い込ませたりすることも。目標レースの種目によって異なるが、基本的には14000〜16000m の距離で実施することが多い。

04 ペース走 PR

試合前に力を溜める目的での実施が多い

設定した距離を、設定したペースで走る練習。ジョグとスピード練習の間に位置づけし、走りの基盤をつくるのが主な目的。長い距離への対応力、スピード持久力の維持、試合前の力を溜める練習として活用することが多い。また、スピード練習の合間につなぎの練習としても活用できる。鍛錬期は16000m くらいの距離で、試合前の場合は8000〜12000m で実施することが多い。ジョグよりも速いペース設定で走るが、力を出し切ることなく8割程度で溜めておく意識で行う。試合の7〜4日前にほどよく刺激を入れる目的で実施するとよい。

05 変化走 CR

試合のペース変化に対応する力を強化する

主に鍛錬期に活用する練習。**一定のペースではなく、強弱をつけて走ることで、ペースの上げ下げへの対応力を養う**。練習で負荷を与えたいときに、3000m×４本や、8000mといった設定で実施。3000mなら、最初の1000mをレースペース、次の1000mをペースダウン、ラスト1000mを再びレースペースに戻すといったペースの上げ下げを設定する。8000mなら、400mずつ上げ下げをするイメージで実施するのもよい。試合のペース変化を想定して実施することが多いが、先頭にだけペース配分を知らせて、予測できない状態で行うのも効果的。

06 距離走 Xkm

距離を踏んで長い距離への耐性を養う

距離走の定義は、指導者によって考え方が異なるが、**真名子式では基本的に20km以上として練習メニューを編成**。目的としては、距離耐性を強化することが主となる。ジョグのペースよりも速いが、そこまでのスピード強度で追い込まれることもないペース設定（箱根駅伝を目指す学生の場合は３分10秒～３分30秒＝レースペースの８～９割の間）で実施することが多い。スタミナのポイント練習として考えるケースが多いが、10000mなどのトラックレースの１週間前に距離走を入れると、よい記録が出るケースも見られ、力を溜める目的で利用することも有効だと考えられる。

07 レペティション走 RR

力を確実に吐き出すためのスピード練習

ジョグでつなぐインターバル走に対し、その場で完全休養して回復を図るのがレペティション走。短い距離を高強度のスピードで走り、1本1本しっかり力を吐き出すことが主な目的となる。短い距離で行うため、心肺機能を確実に追い込むことができる。長い距離だと精神的に負けてしまう場合があるため、力を確実に吐き出したいタイミングで200〜1000m×本数の短い距離設定で実施する。

08 ヒルトレーニング HT

心肺を追い込み、メンタルの強さも養う

脚筋力・心肺機能・忍耐力の3要素の強化を図る、いわゆる坂道走。鍛錬期に実施することが多いが、大事なポイント練習の前に行うこともある。重心移動をはじめとする走動作の修正につながり、坂道走を気持ちよく終えることができた場合は、試合で好結果につながることが多い。冬場の鍛錬期は300〜400m、試合前は200m以内の坂ダッシュで追い込み、動作感覚が乱れないように注意する。

09 クロスカントリー走 CCR

冬場の足腰強化に有効なトレーニング

主に鍛錬期に実施し、**さまざまな要素が強化できる不整地を走る練習。**足腰の強化を狙いたいときに実施することが多い。冬場の寒いとき、トップスピードに乗せられず、ケガのリスクも避けたいというタイミングで不整地を走ると、ジョグだけでも脚の筋肉に負荷がかかり、足腰の強化につながる。2月などは週に2〜3回実施することもあるが、故障リスクもあるのでやりすぎにも注意。

10 タイムトライアル TT

自分の現在地を確認することが目的

設定距離を全力で走り、記録を狙っていくトレーニング。実戦的な練習だが、自信をつけるなら3000mまでの距離が効果的で、走力を見るなら5000m以上の距離がよい。大学の場合は、毎月の各種記録会に出場することが多いので、タイムトライアルの実施自体は少ない。試合に出たほうが本番さながらの緊張感が得られるため、タイムトライアルは記録会がない時期に実施することが多い。

11 ウインドスプリント WS

ダイナミックなフォームの調整に活かす

基本的には流し感覚の練習で、動きの調整にも活用できる。練習メニューには組み込んでいないが、練習後に各自で**風を感じるような気持ちよいスピードで100〜200mを２〜３本走るのが基本。**たとえば、その日の練習の動きがよくないとき、ウインドスプリントでよいフォームのイメージをつくり、翌日の練習につなげる。逆に調子のよいときにやりすぎると、調子を崩す場合もある。

12 シークレットラン SR

実戦の駆け引きの対応力を強化する

変化走と違い、**ペース変化することがわからない状態で、先頭のランナーにだけペース設定を教え、後ろにつくランナーはひたすらペース変化に対応して走る練習。**レースペースまで上げるのは短距離に抑えつつ、ペースを極端に遅くすることもあれば、ビルドアップしていくことも。アベレージとしての距離やスピードは設定内に収まるイメージで行う。鍛錬期にたまに活用する程度がよい。

フォーム効率を上げる!

真名子式動きづくりドリル

フォームの動作感覚の体得やポイント練習前のアップに！

練習で得られる効果を最大限に引き出すには、**練習の質を高める**ことが重要です。

主要な関節の可動域をしっかり確保し、それらを正確にコントロールしながら、**効率のよい動作で走る**ことは、**パフォーマンスの最大化**には欠かせません。

本項では、私たちが普段実践している**動きづくりのドリル**（略称：D-up）を紹介。ポイント練習の前などに行うと、**故障予防**にも役立ちます。

D-UP01

かかとを最大限上げる

目的　カラダの軸をつくるのが主な目的。かかとを上げるときに重心を母趾球にのせてブレないようにする。

1 両腕を真上に上げ、全身を伸ばす

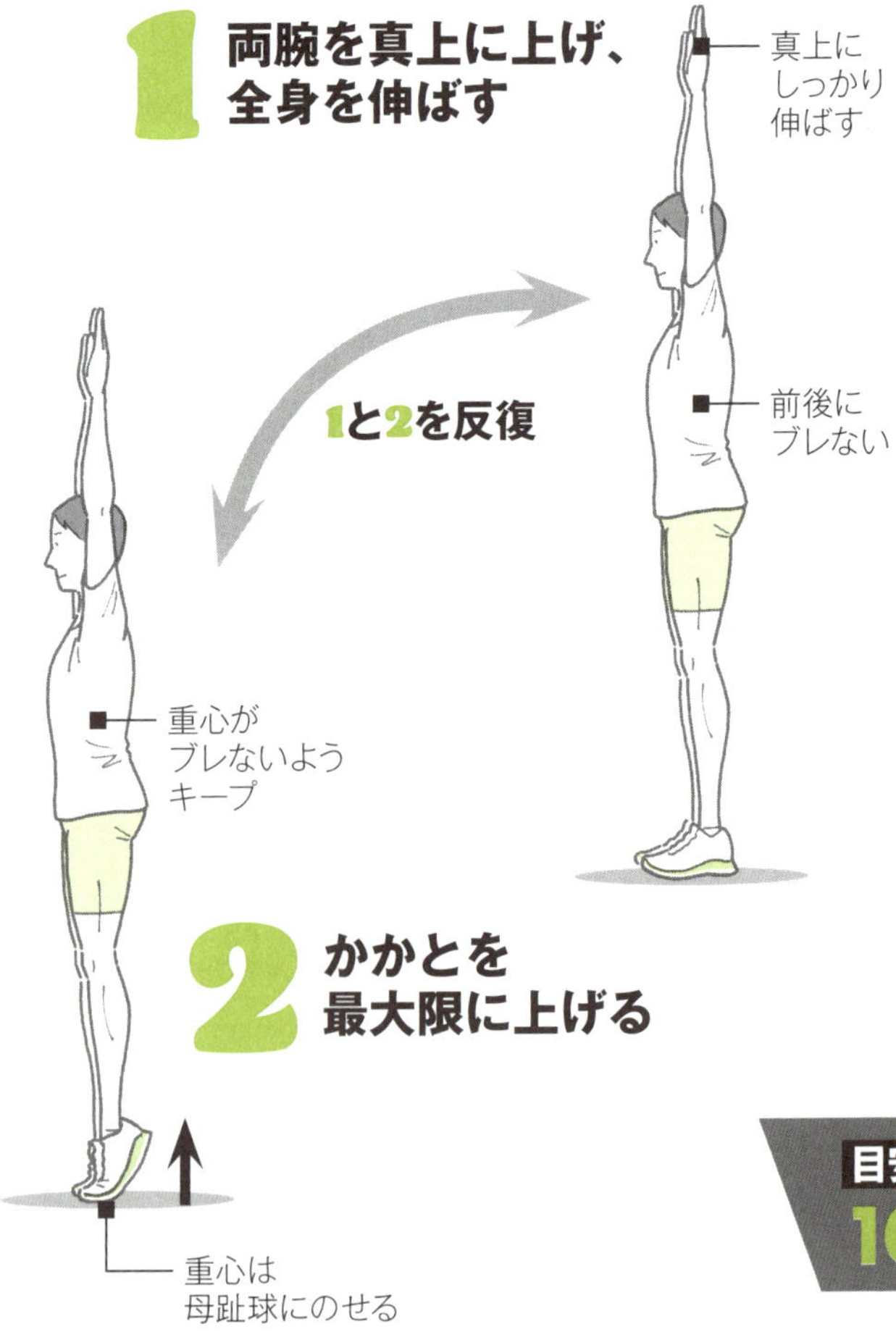
真上にしっかり伸ばす
前後にブレない
1と2を反復
重心がブレないようキープ
重心は母趾球にのせる

2 かかとを最大限に上げる

目安　10回×2

D-UP02

足首の曲げ伸ばし

目的

下腿の筋肉をストレッチしながら、足首の可動をよくするドリル。片脚支持のバランス安定も図る。

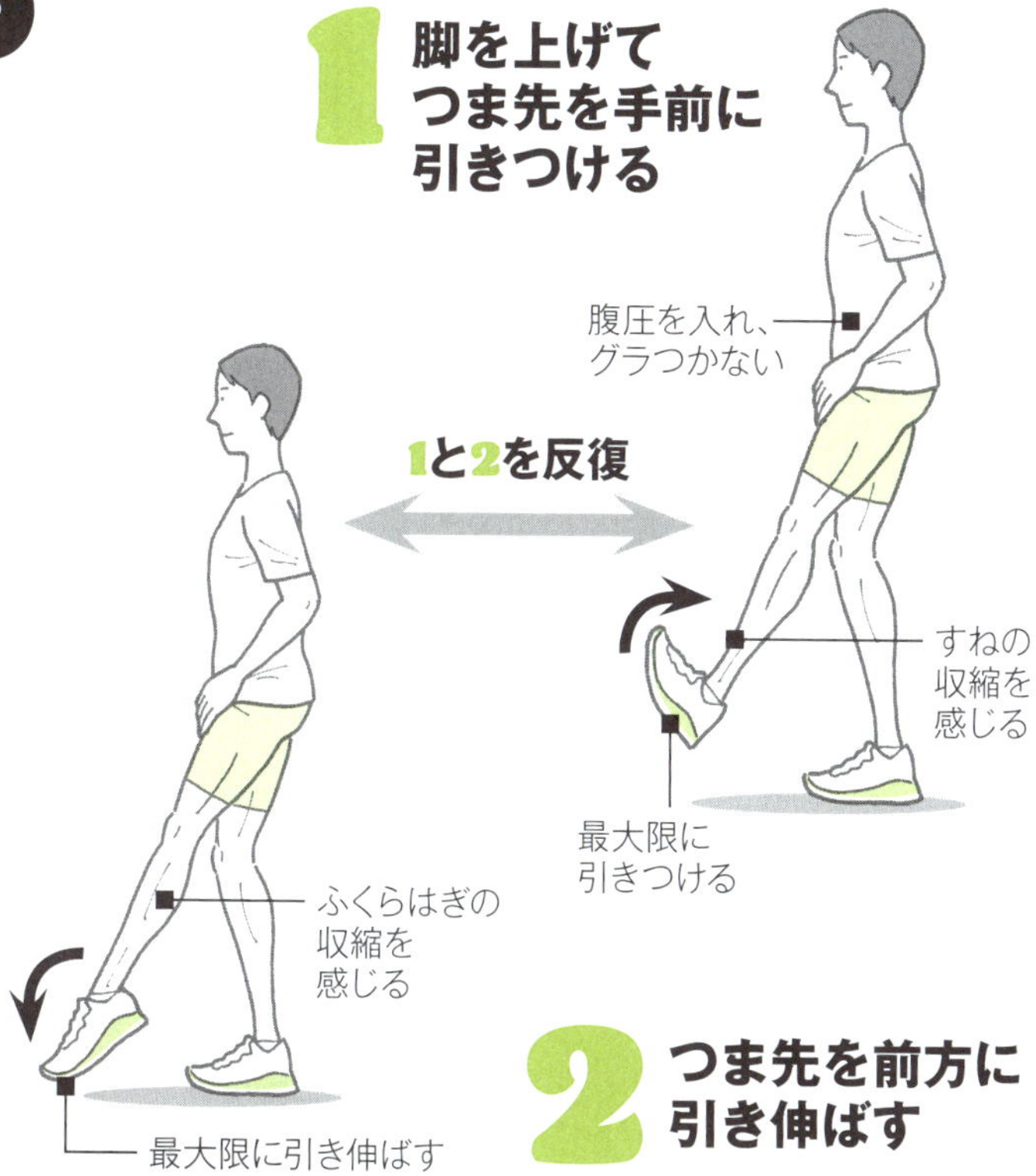

1 脚を上げて つま先を手前に 引きつける
腹圧を入れ、グラつかない
すねの収縮を感じる
最大限に引きつける
1と2を反復
ふくらはぎの収縮を感じる
最大限に引き伸ばす
2 つま先を前方に 引き伸ばす

目安

左右各10回×2

足首まわし

目的　足首の可動をよくするドリル。足首はひざや股関節と連動しているため、脚の故障予防に欠かせない。

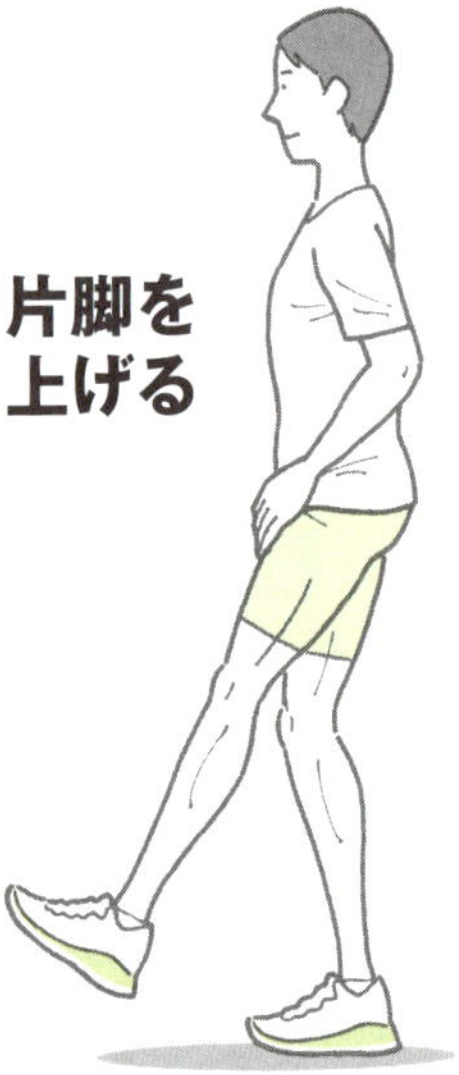

1 片脚を上げる

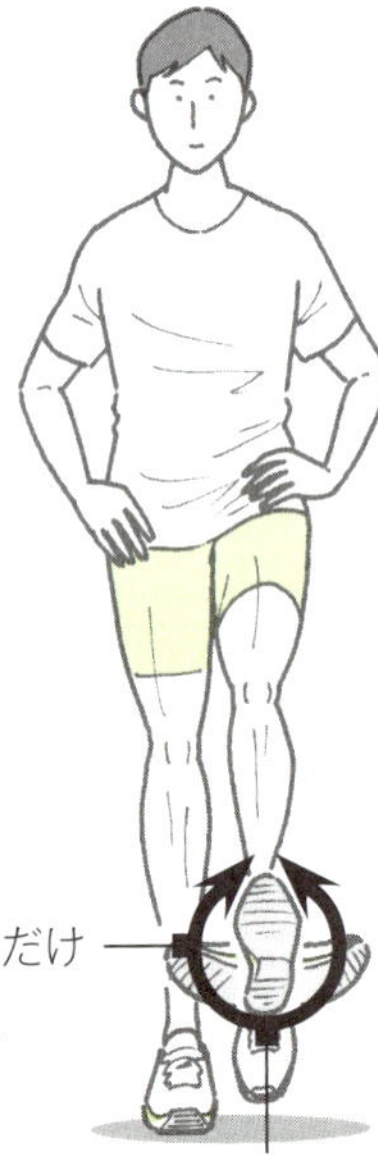
できるだけ大きくまわす
内まわし10回転
外まわし10回転

2 足首の内まわし&外まわしを交互に行う

目安
左右各2セット

D-UP04

スキップ(前進&後退)

目的

カラダをコントロールするアジリティ能力の養成と、動きのなかでのカラダの軸をつくる。

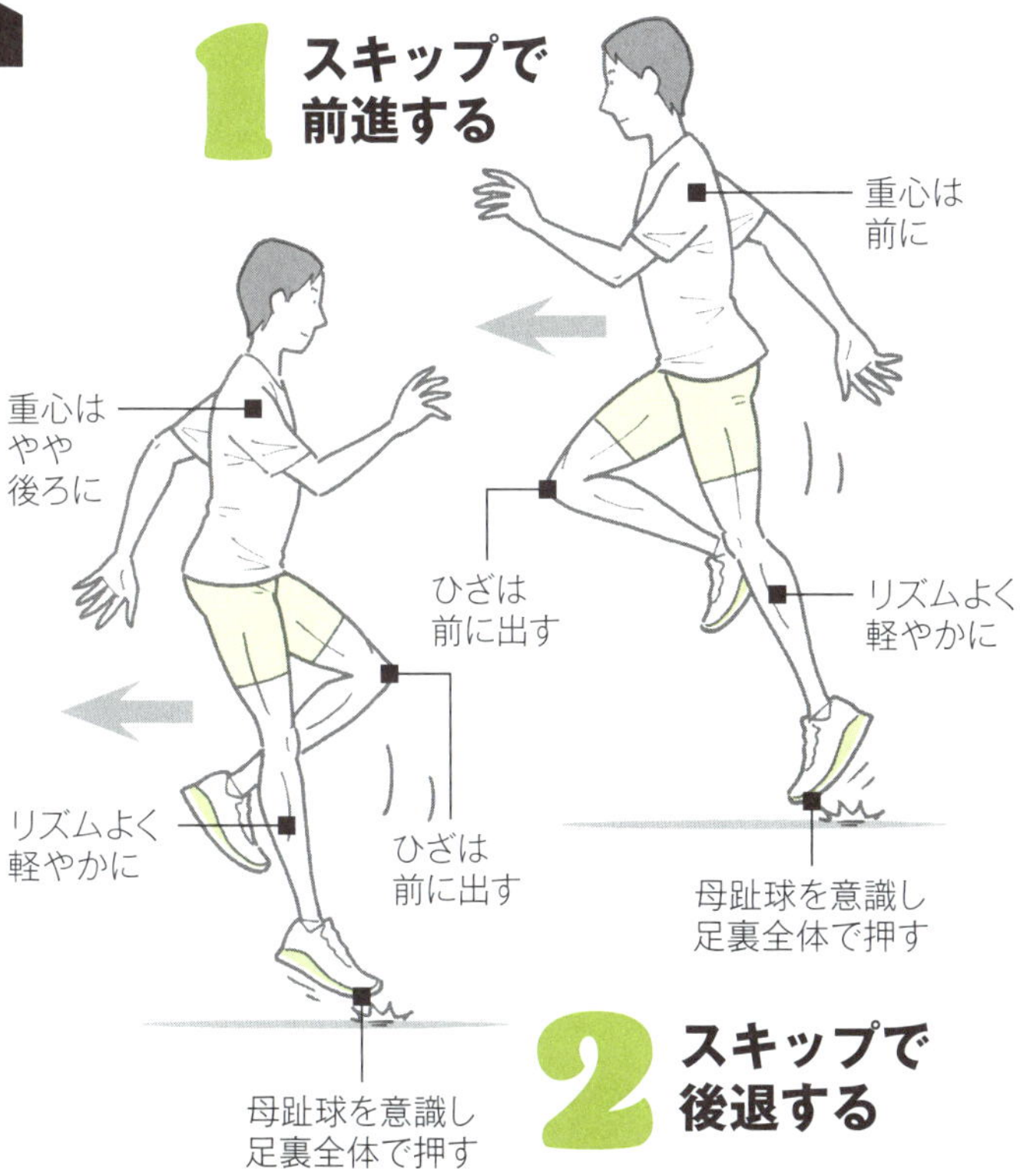

1 スキップで前進する
重心は前に
ひざは前に出す
リズムよく軽やかに
母趾球を意識し足裏全体で押す
2 スキップで後退する
重心はやや後ろに
リズムよく軽やかに
ひざは前に出す
母趾球を意識し足裏全体で押す

目安

前進20m×2　後退20m×2

D-UP05

スキップ&クラップ

目的

カラダの軸をキープしながら、上半身と下半身の動きを連動させつつ、肩甲骨の可動をよくする。

1 スキップをしながら頭の上で両手をタッチ

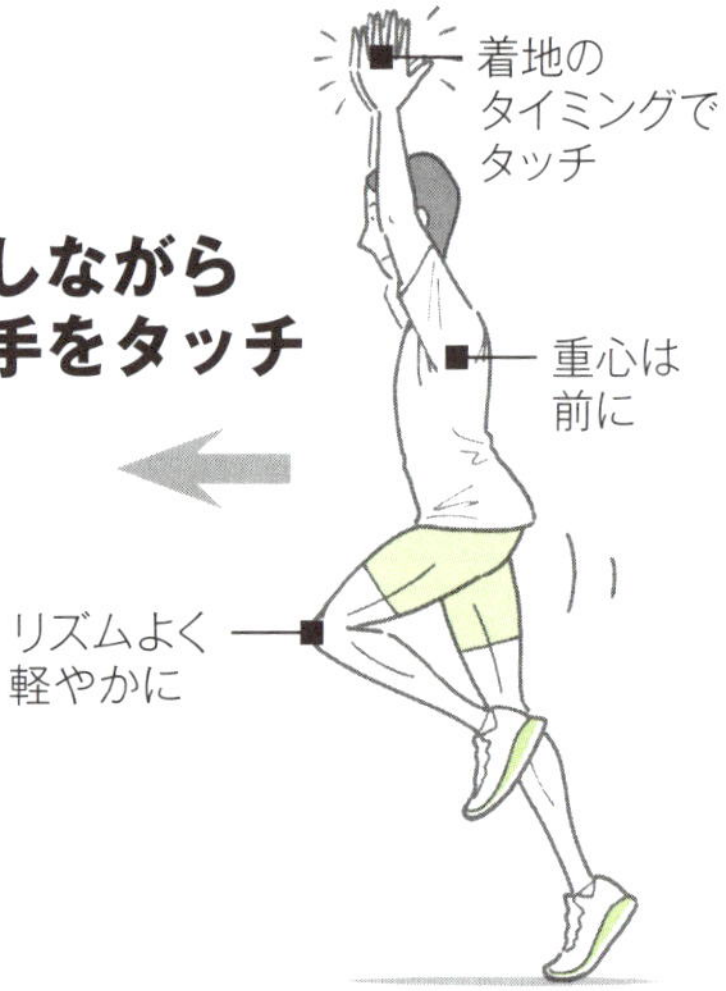
着地のタイミングでタッチ
重心は前に
リズムよく軽やかに

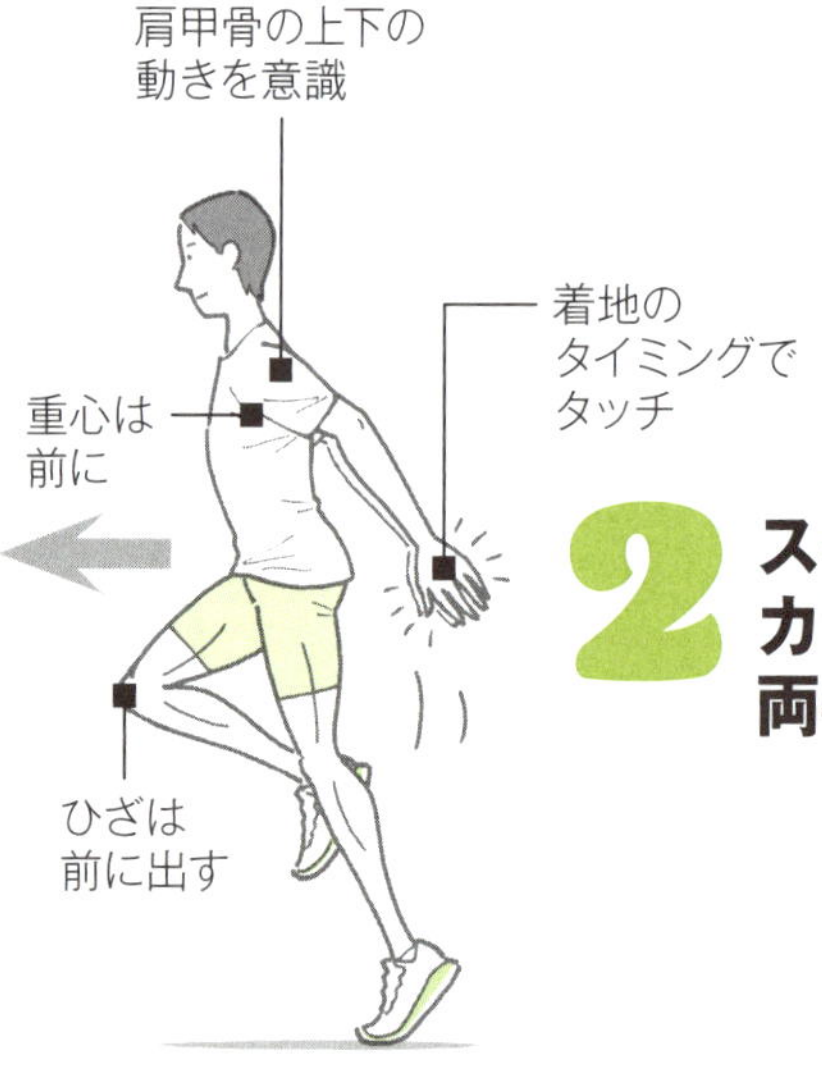
肩甲骨の上下の動きを意識
着地のタイミングでタッチ
重心は前に
ひざは前に出す

2 スキップをしながらカラダの後ろで両手をタッチ

目安

20m×2

D-UP06

スキップ&肩甲骨開閉

目的

肩甲骨を内外に開閉させながら、上半身と下半身の動きをつなぎ、全身のアジリティ能力を高める。

1 スキップをしながら両腕を前に突き出す

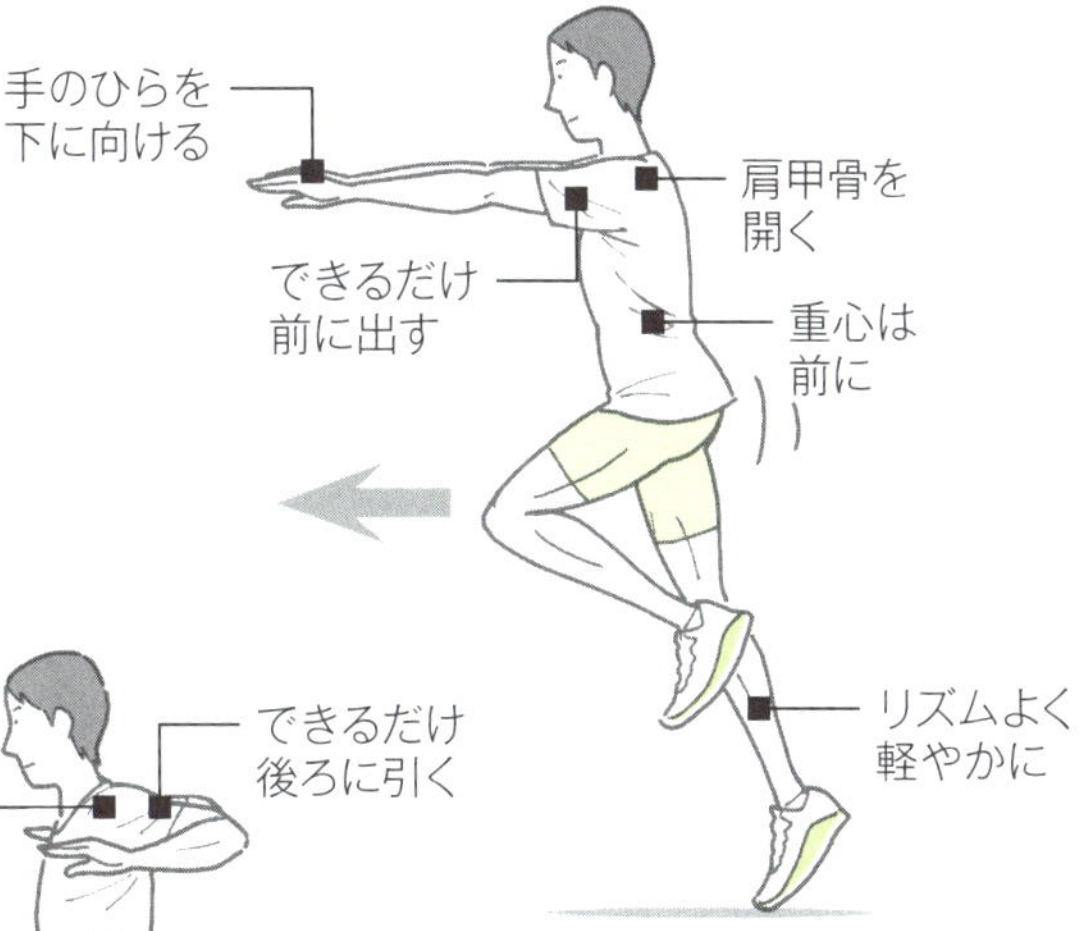

手のひらを
下に向ける
肩甲骨を
開く
できるだけ
前に出す
重心は
前に
リズムよく
軽やかに

できるだけ
後ろに引く
肩甲骨を
閉じる
重心は
前に
リズムよく
軽やかに

2 スキップをしながら両ひじを後ろに引く

目安
20m×2

D-UP07

スキップ&両腕内まわし

目的 スキップしながら、両腕の内回転に合わせてカラダを運び、上下連動を推進力に変える感覚を養う。

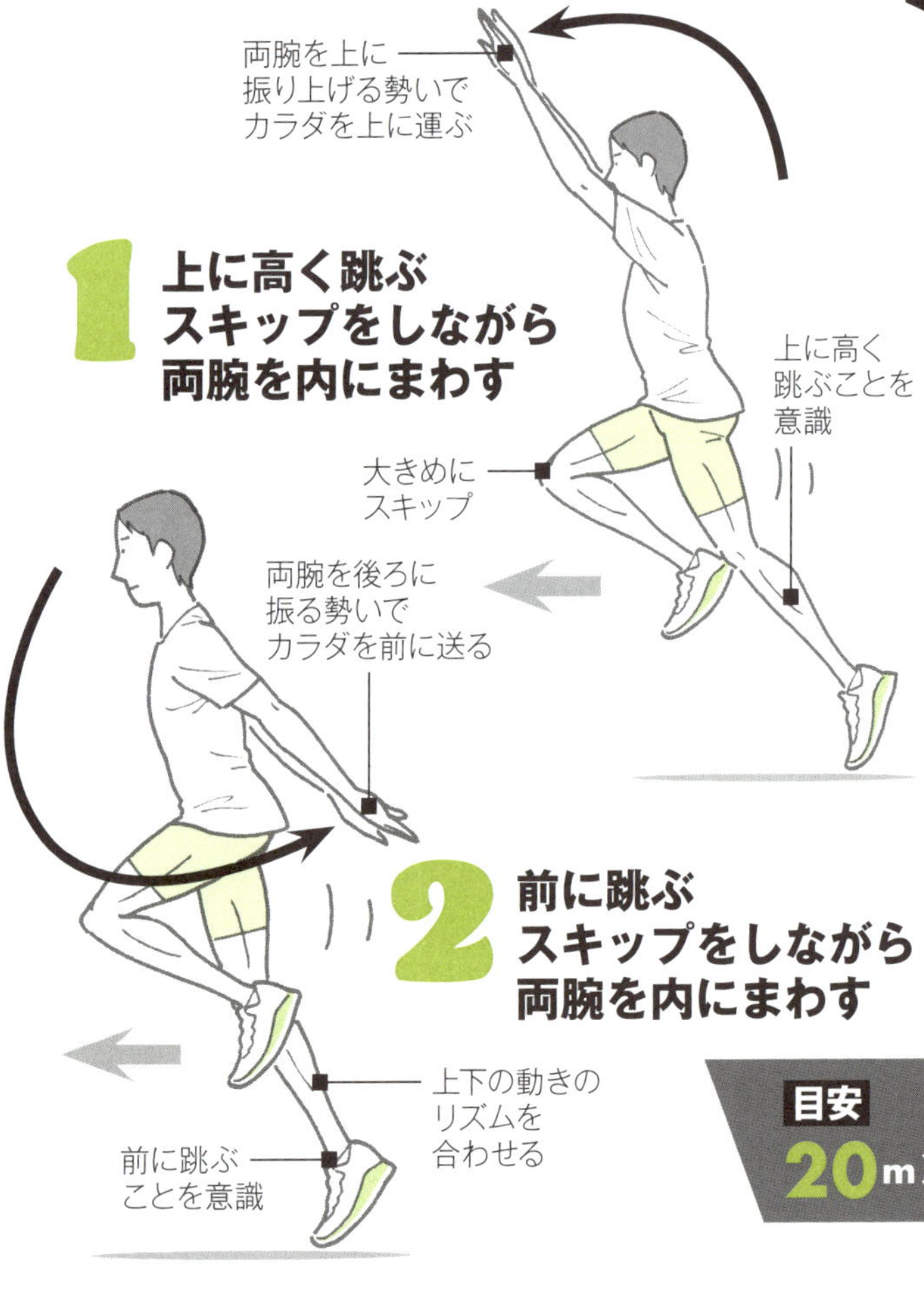
両腕を上に振り上げる勢いでカラダを上に運ぶ
上に高く跳ぶことを意識
大きめにスキップ
両腕を後ろに振る勢いでカラダを前に送る
上下の動きのリズムを合わせる
前に跳ぶことを意識

1 上に高く跳ぶスキップをしながら両腕を内にまわす

2 前に跳ぶスキップをしながら両腕を内にまわす

目安 20m×2

D-UP08

サイドステップ

目的

前進しかしない競技だが、横移動によってアジリティ能力を高める。片脚支持のバランス強化にも有効。

1 サイドステップで横方向に進む

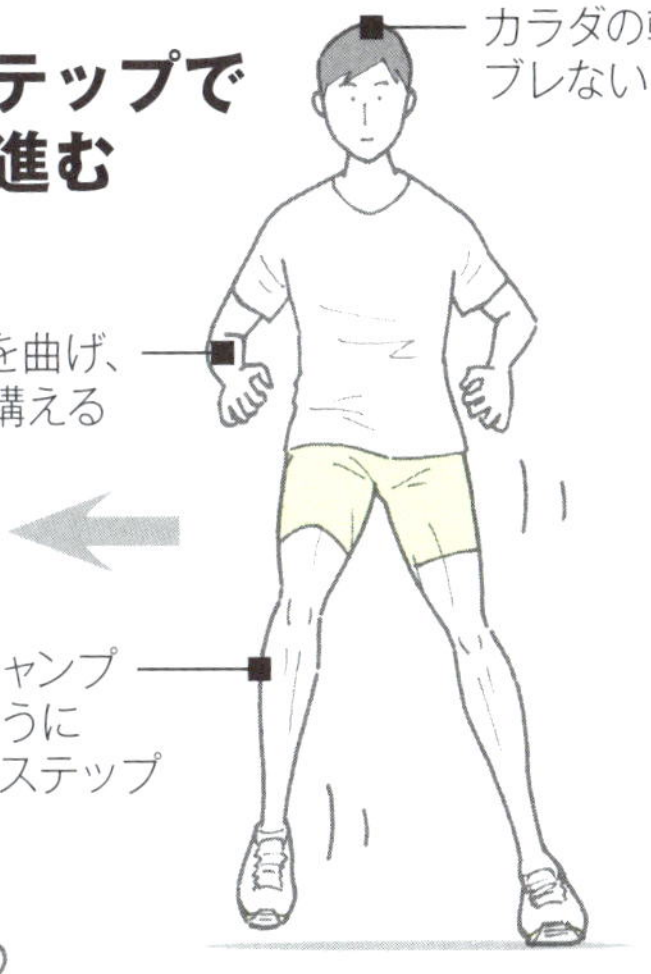
カラダの軸はブレない
両ひじを曲げ、体側に構える
軽くジャンプするようにサイドステップ

2 半分進んだらカラダの向きを変える

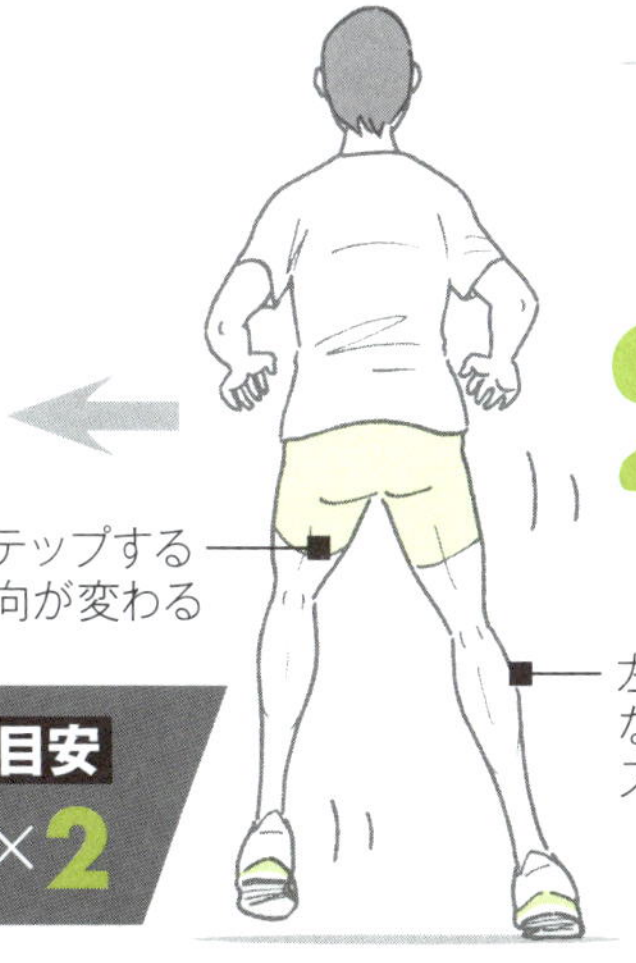
ステップする方向が変わる
左右差がないようにステップする

目安
20m×2

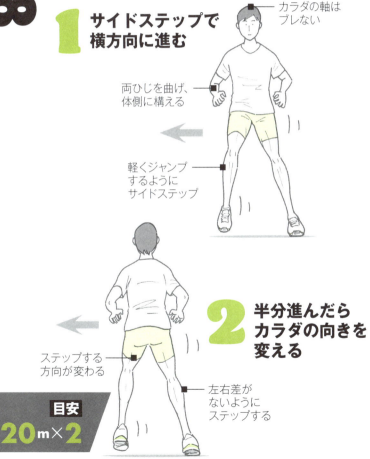

サイドステップ&腕振り

目的

サイドステップに左右の腕の振り子運動を加えることによって、上下連動のアジリティ能力を高める。

1 両腕を横に振りながらサイドステップ

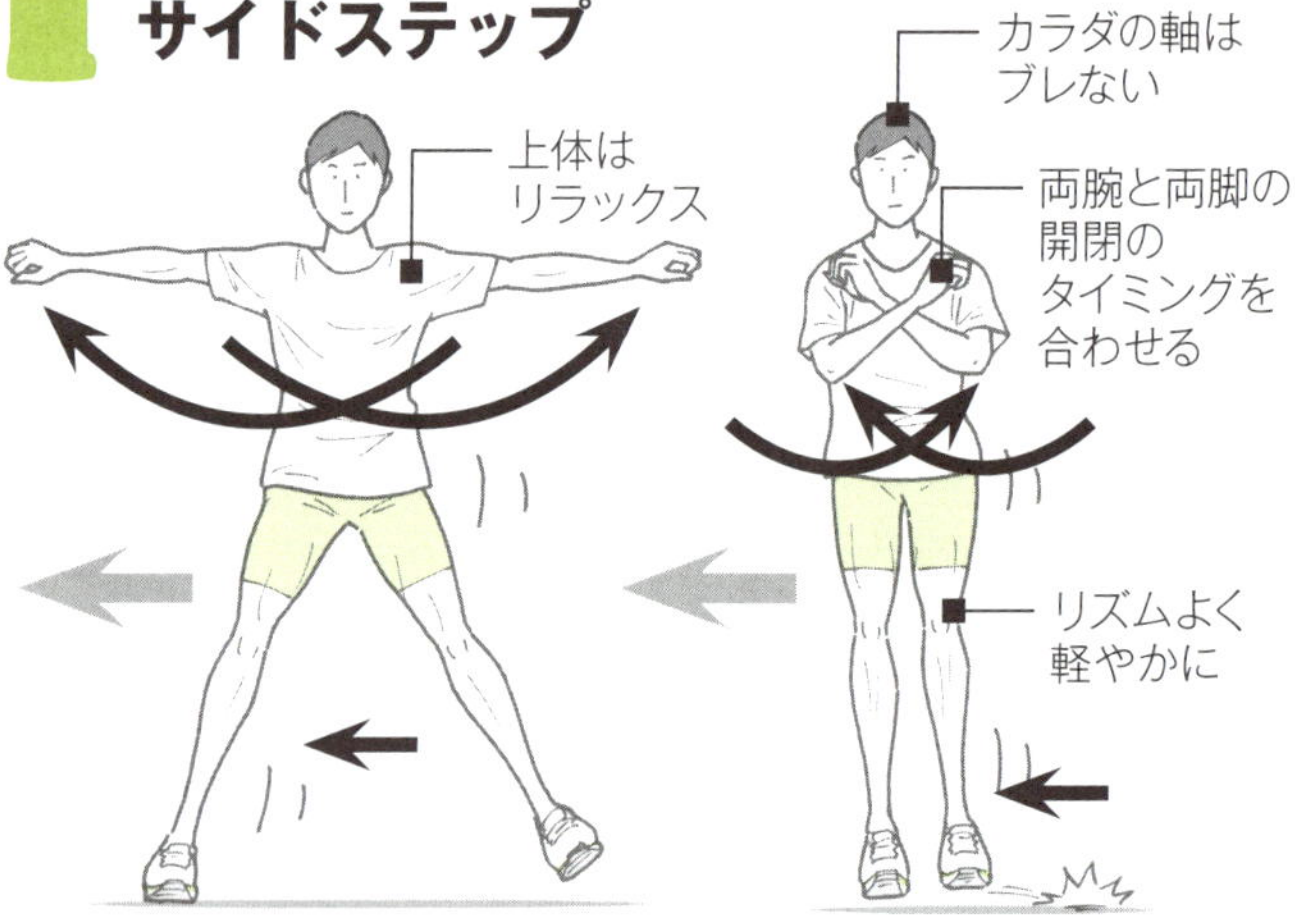
上体は
リラックス
カラダの軸は
ブレない
両腕と両脚の
開閉の
タイミングを
合わせる
リズムよく
軽やかに

2 半分進んだらカラダの向きを変える

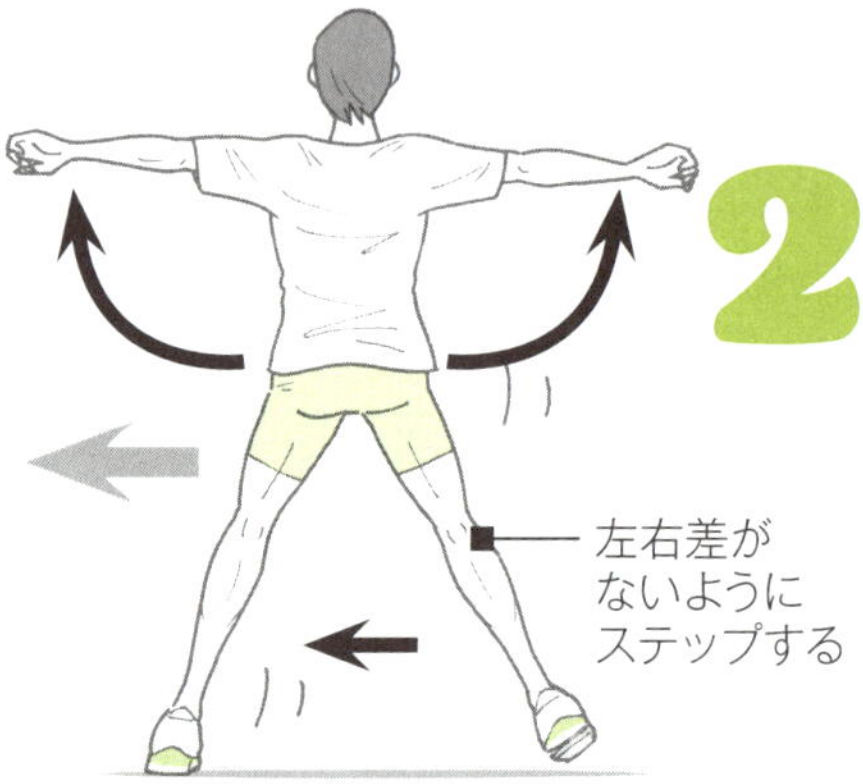
左右差が
ないように
ステップする

目安

20m×2

D-UP 10

ニーリフト&ドロップ

目的

足裏全体を地面にたたきつけ、地面をとらえる感覚を養う。地面反力を推進力に変換する第1段階。

1 片ひざを上げ、両手で持つ

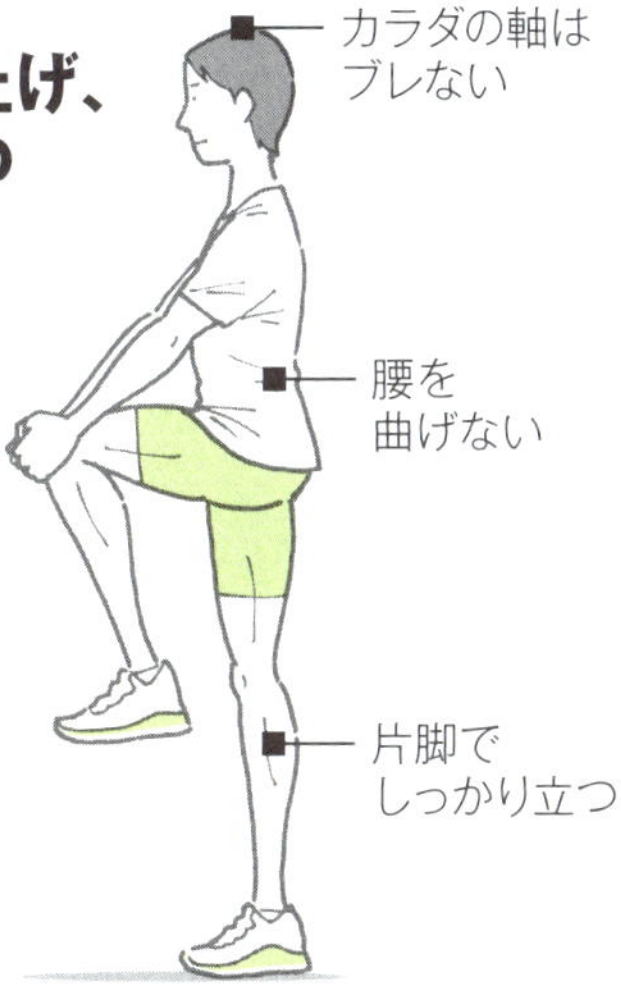
カラダの軸はブレない
腰を曲げない
片脚でしっかり立つ

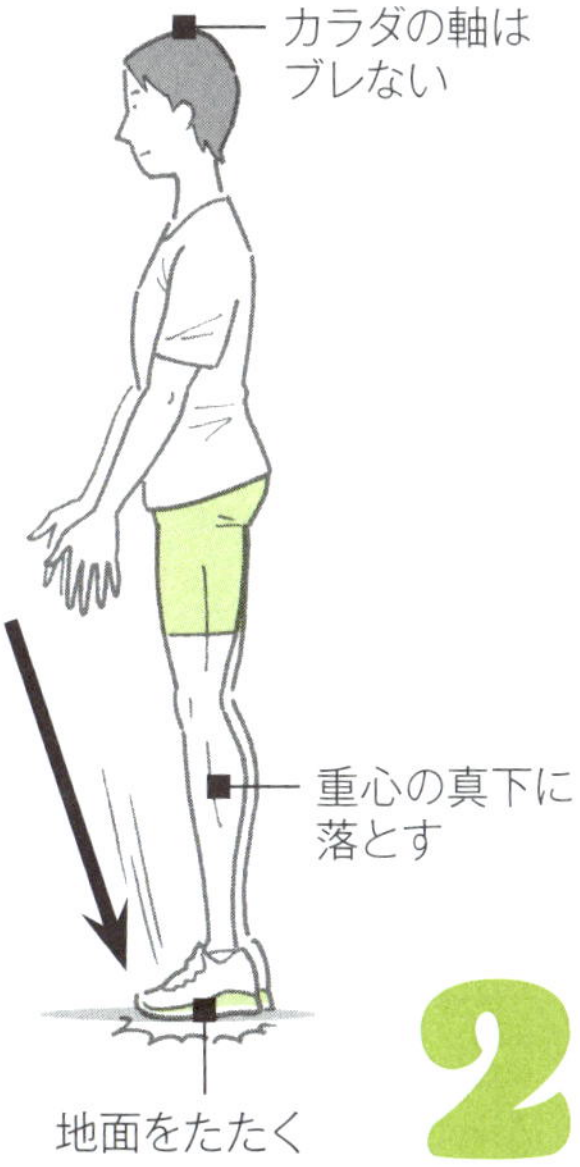
カラダの軸はブレない
重心の真下に落とす
地面をたたく

2 足裏全体を地面にたたきつけるように脚を落とす

目安

左右各5回×2

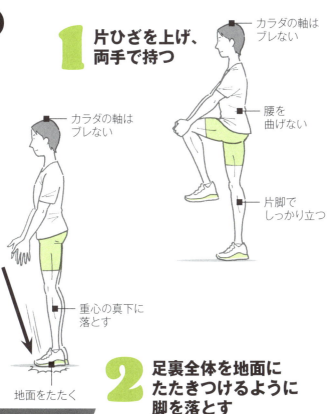

もも上げ&クラップ

目的 脚をしっかり引き上げる動作によって、腸腰筋を刺激して、股関節の動き(屈曲)を大きくするドリル。

1 スキップしながら太ももを上げ、両手をその下でタッチ

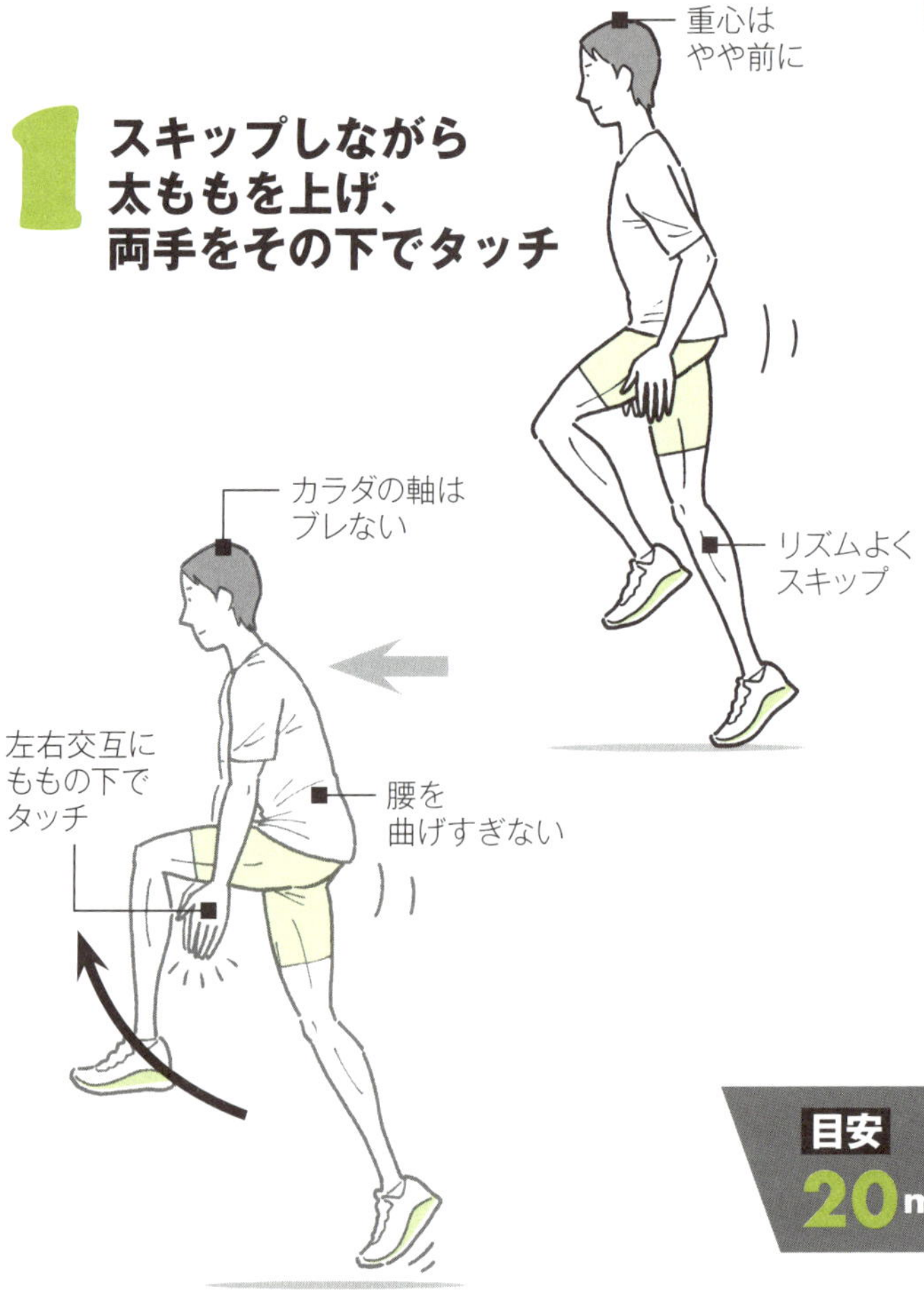

重心はやや前に
リズムよくスキップ
カラダの軸はブレない
左右交互にももの下でタッチ
腰を曲げすぎない

目安 20m×2

D-UP 12

股関節の横振り（外転）ステップ

目的

脚を横に振りながら、カラダの軸をブレないようにキープしつつ、股関節を大きく動かしていくドリル。

1 スキップしながら脚を横に振って前に進んでいく

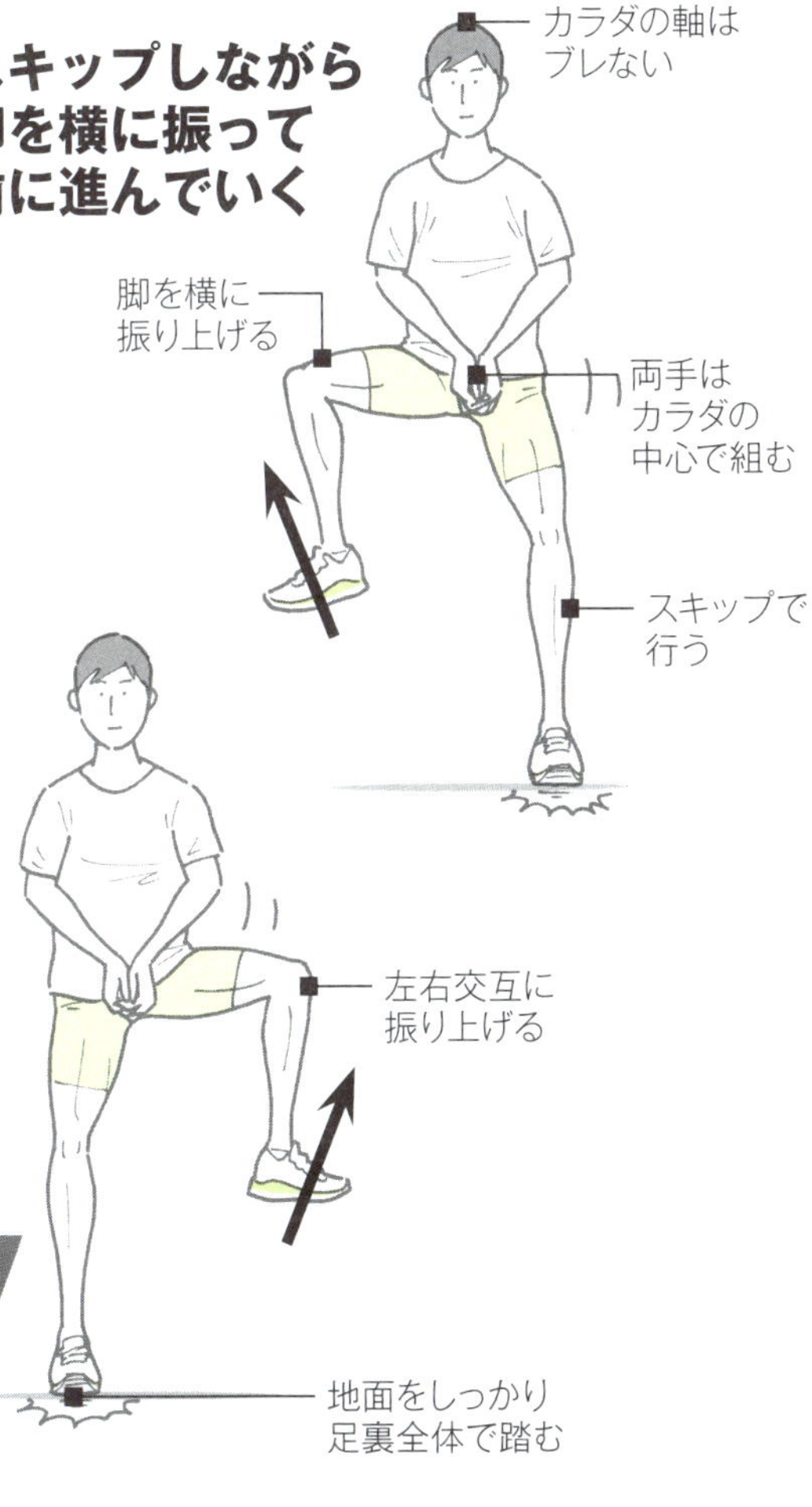

カラダの軸はブレない
脚を横に振り上げる
両手はカラダの中心で組む
スキップで行う
左右交互に振り上げる
地面をしっかり足裏全体で踏む

目安
20m×2

D-UP13

股関節まわしウォーク

目的 カラダの軸をブレないようにキープしながら、股関節を前後に大きくまわして、可動をよくするドリル。

1 脚を横に上げる

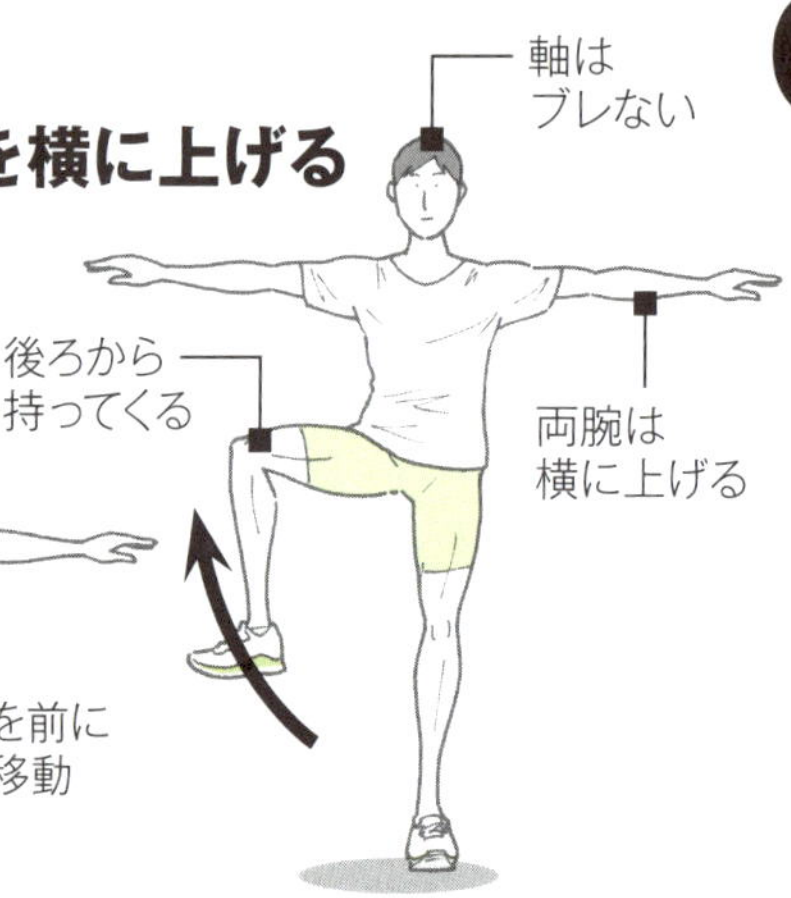
軸は
ブレない
後ろから
持ってくる
両腕は
横に上げる

ひざを前に
水平移動

2 上げた脚を前に運ぶ

3 脚を前に下ろす

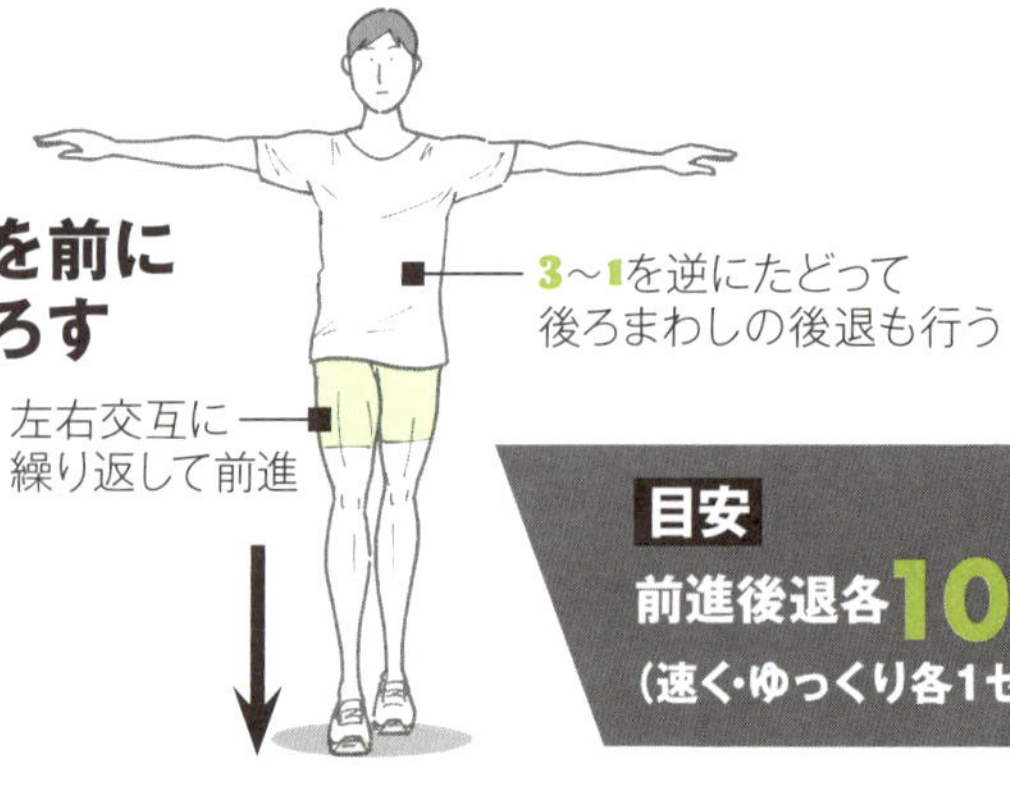
3～1を逆にたどって
後ろまわしの後退も行う
左右交互に
繰り返して前進

目安
前進後退各10m×2
（速く・ゆっくり各1セット）

D-UP 14

レッグリフト&ドロップ

目的

脚を前方に上げたところから、カラダの真下に振り戻し、地面を足裏でしっかりとらえる感覚を養う。

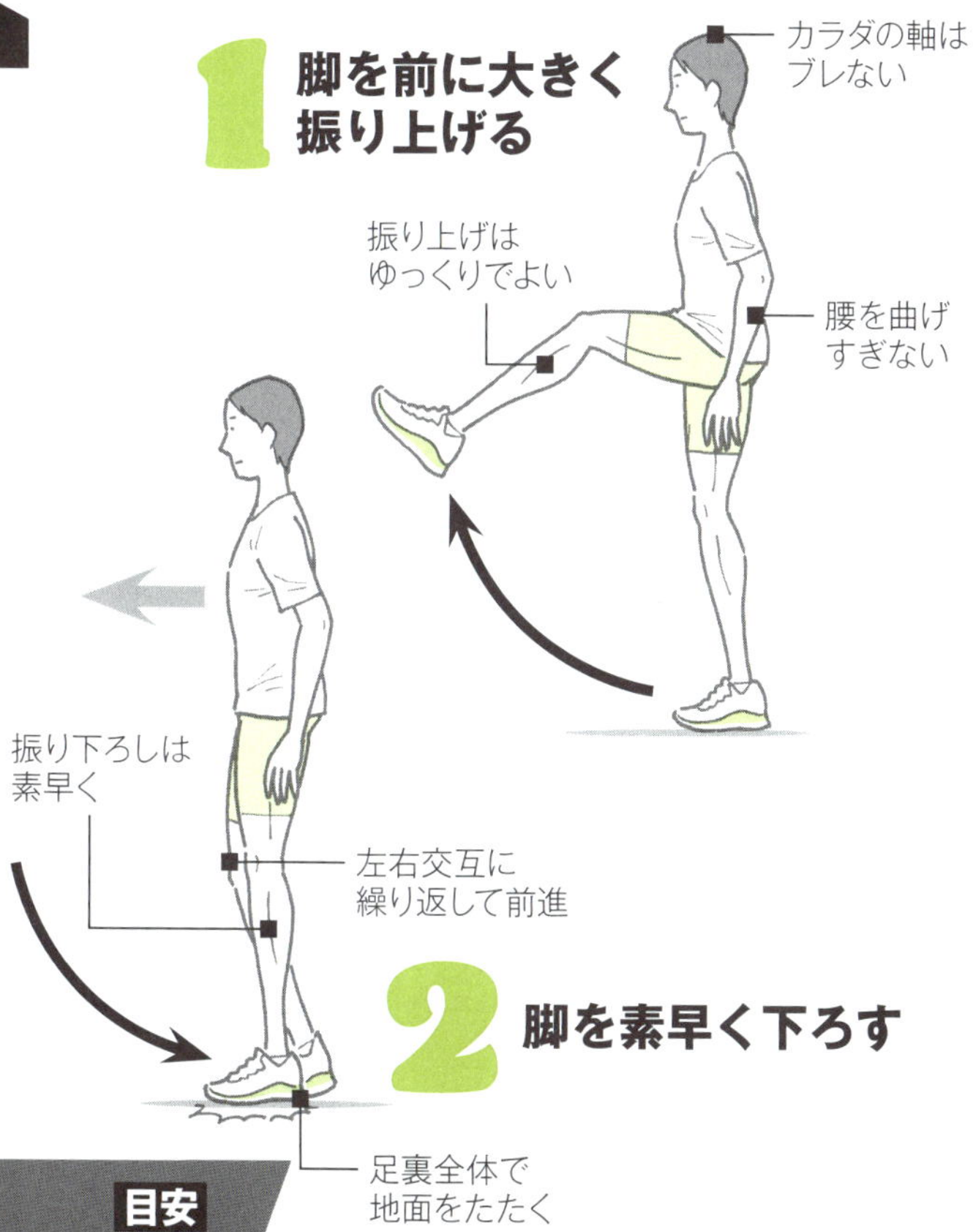
1 脚を前に大きく振り上げる
カラダの軸はブレない
振り上げはゆっくりでよい
腰を曲げすぎない
振り下ろしは素早く
左右交互に繰り返して前進
2 脚を素早く下ろす
足裏全体で地面をたたく

目安

左右各5回×2

ニーアップ&ドロップ（もも下げ）

目的 脚をカラダの真下に下ろし、地面を足裏全体でとらえて、地面の反発で脚を上げる感覚を養う。

1 片ひざを上げる

カラダの軸はブレない
腰を曲げすぎない
軽やかに上げる
その場で左右交互に繰り返す
両腕は走るときのように振る
素早く下ろす
足裏全体で強く踏む
重心の真下に下ろす

2 上げたひざを素早く下ろしながら、足裏全体を地面にたたきつける

目安
左右交互に20回×2

D-UP 16

アンクルステップ(1歩)

目的

足首を90度にロックした状態で、かかとから地面について母趾球に抜けていく接地感覚を養うドリル。

1 両ひざを曲げず、足首の反発と股関節の動きで1歩ずつ前進する

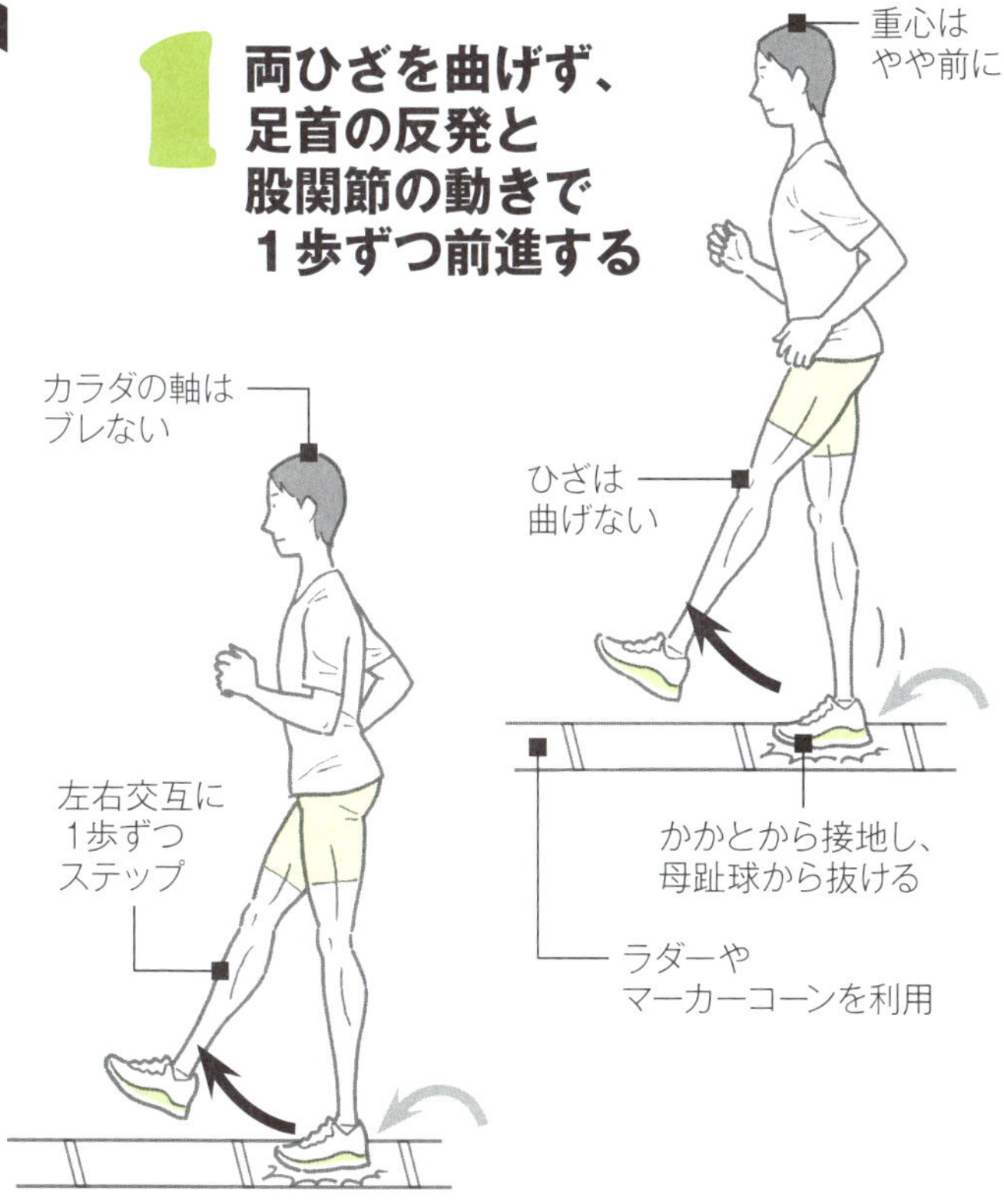
重心はやや前に
ひざは曲げない
かかとから接地し、母趾球から抜ける
ラダーやマーカーコーンを利用
カラダの軸はブレない
左右交互に1歩ずつステップ

目安
15m×2

D-UP17

アンクルステップ（2歩）

目的　スキップのように２歩ずつ接地するアンクルステップで、より地面の反発で進んでいく感覚を養える。

1 両ひざを曲げず、足首の反発と股関節の動きで２歩ずつ前進する

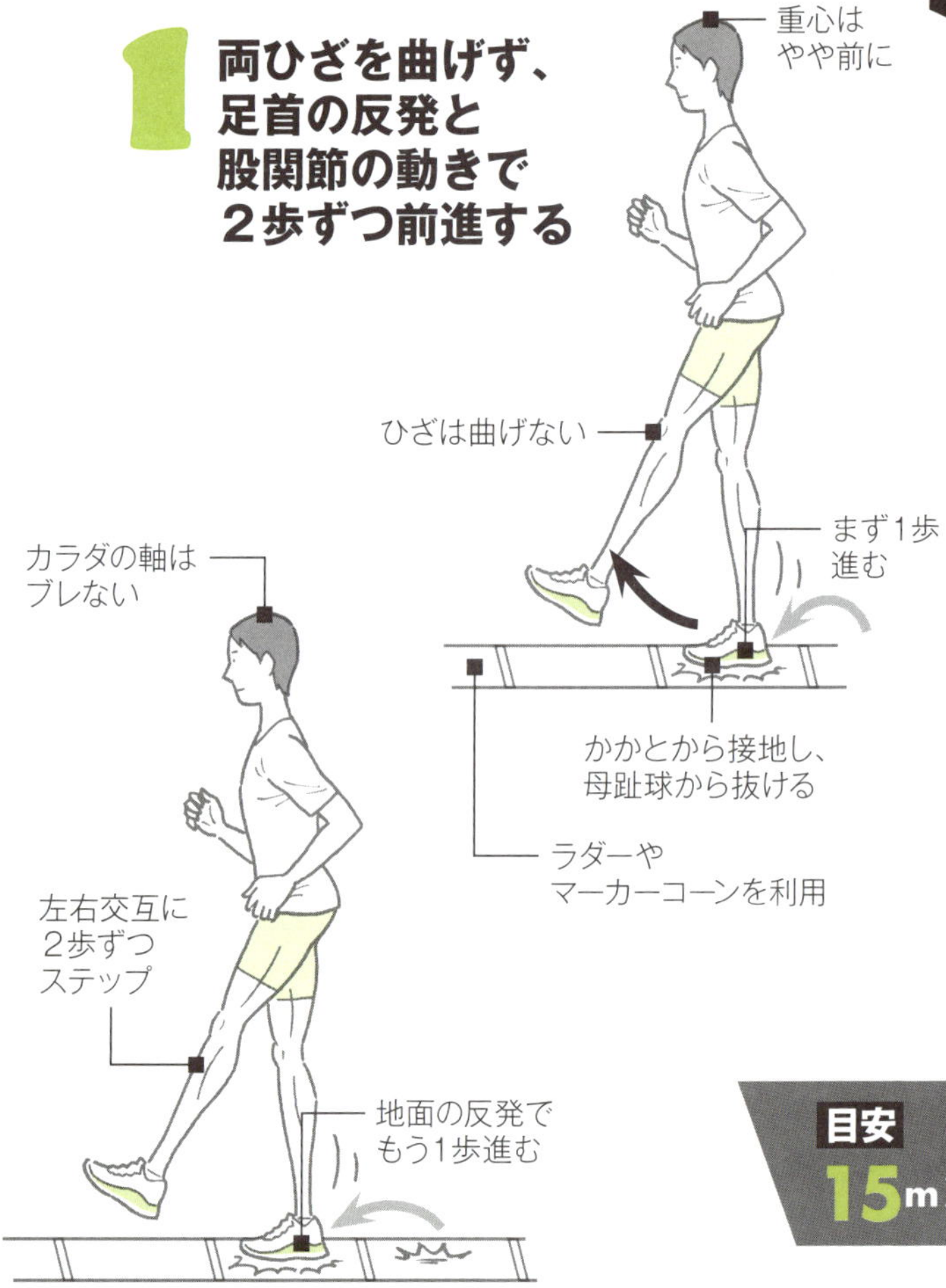
重心はやや前に
ひざは曲げない
まず1歩進む
かかとから接地し、母趾球から抜ける
ラダーやマーカーコーンを利用
カラダの軸はブレない
左右交互に2歩ずつステップ
地面の反発でもう1歩進む

目安
15m×2

D-UP18

反発ステップ

目的

足裏で地面をたたいた反発で脚が上がり、その勢いを利用して前進していく動作感覚を養うドリル。

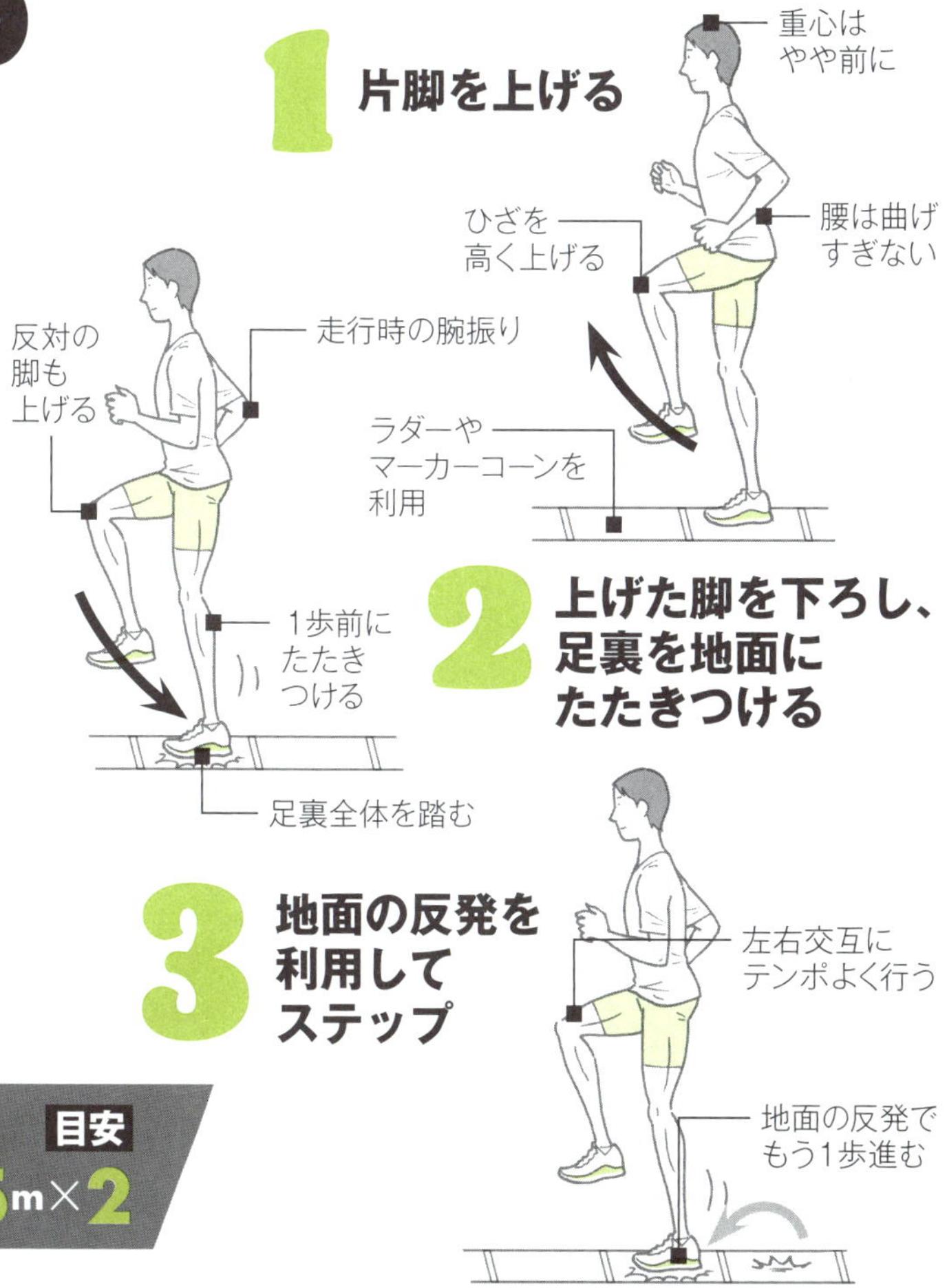

重心は
やや前に
ひざを
高く上げる
腰は曲げ
すぎない
ラダーや
マーカーコーンを
利用
反対の
脚も
上げる
走行時の腕振り
1歩前に
たたき
つける
足裏全体を踏む
左右交互に
テンポよく行う
地面の反発で
もう1歩進む

1 片脚を上げる

2 上げた脚を下ろし、足裏を地面にたたきつける

3 地面の反発を利用してステップ

目安
15m×2

ラテラルニーアップ(横)

D-UP 19

目的 カラダの軸をブレないようにキープした状態で、股関節の可動域を広げながら、体幹との連動を養う。

1 ひざを高く上げながら横方向に進んでいく

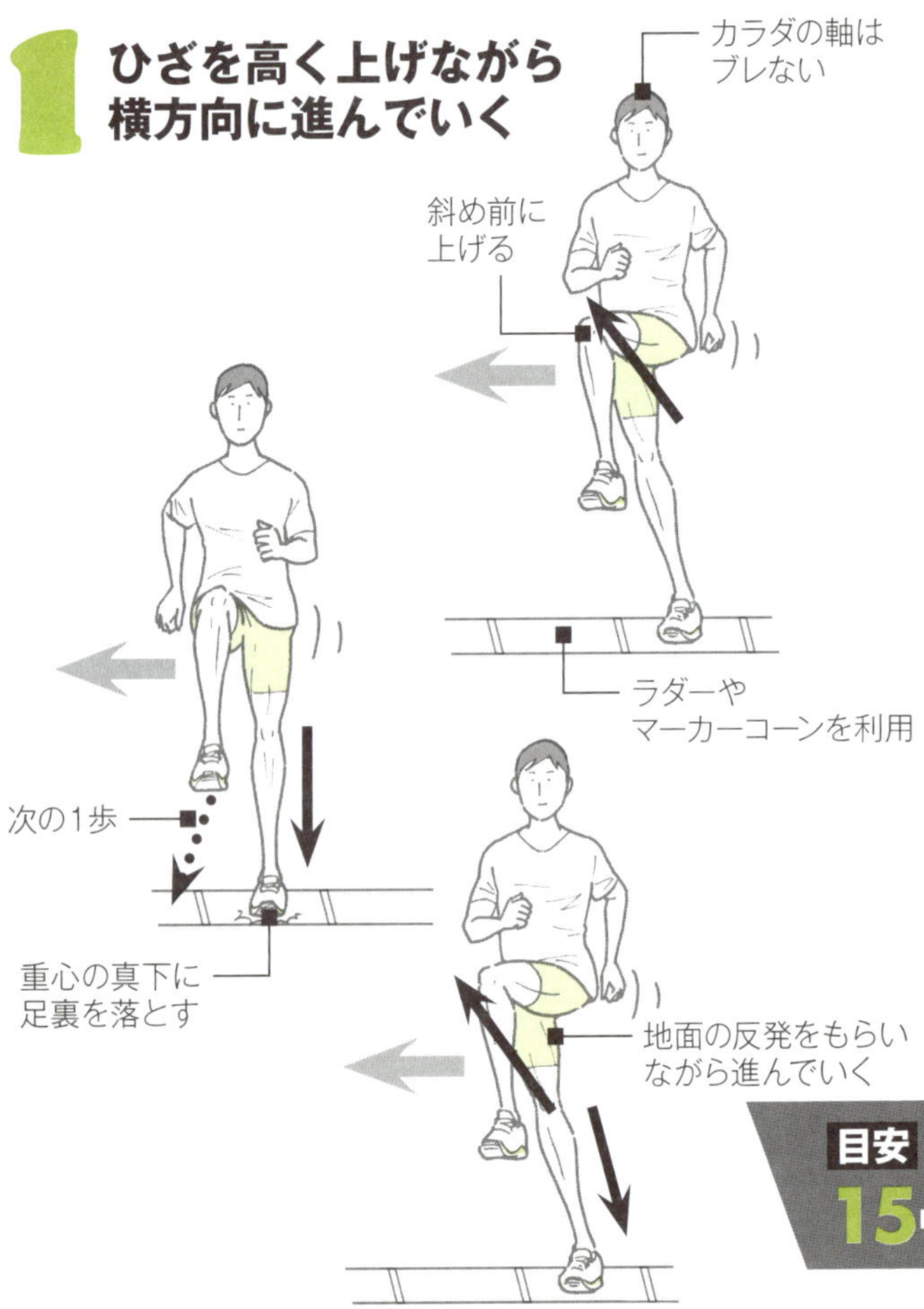

カラダの軸はブレない
斜め前に上げる
ラダーやマーカーコーンを利用
次の1歩
重心の真下に足裏を落とす
地面の反発をもらいながら進んでいく

目安
15m×2

D-UP 20

両脚フロントジャンプ

目的

カラダの軸をキープしながら、地面の反発と腕振りによる上下連動の力を利用してジャンプするドリル。

1 両脚で前方にジャンプしながら進んでいく

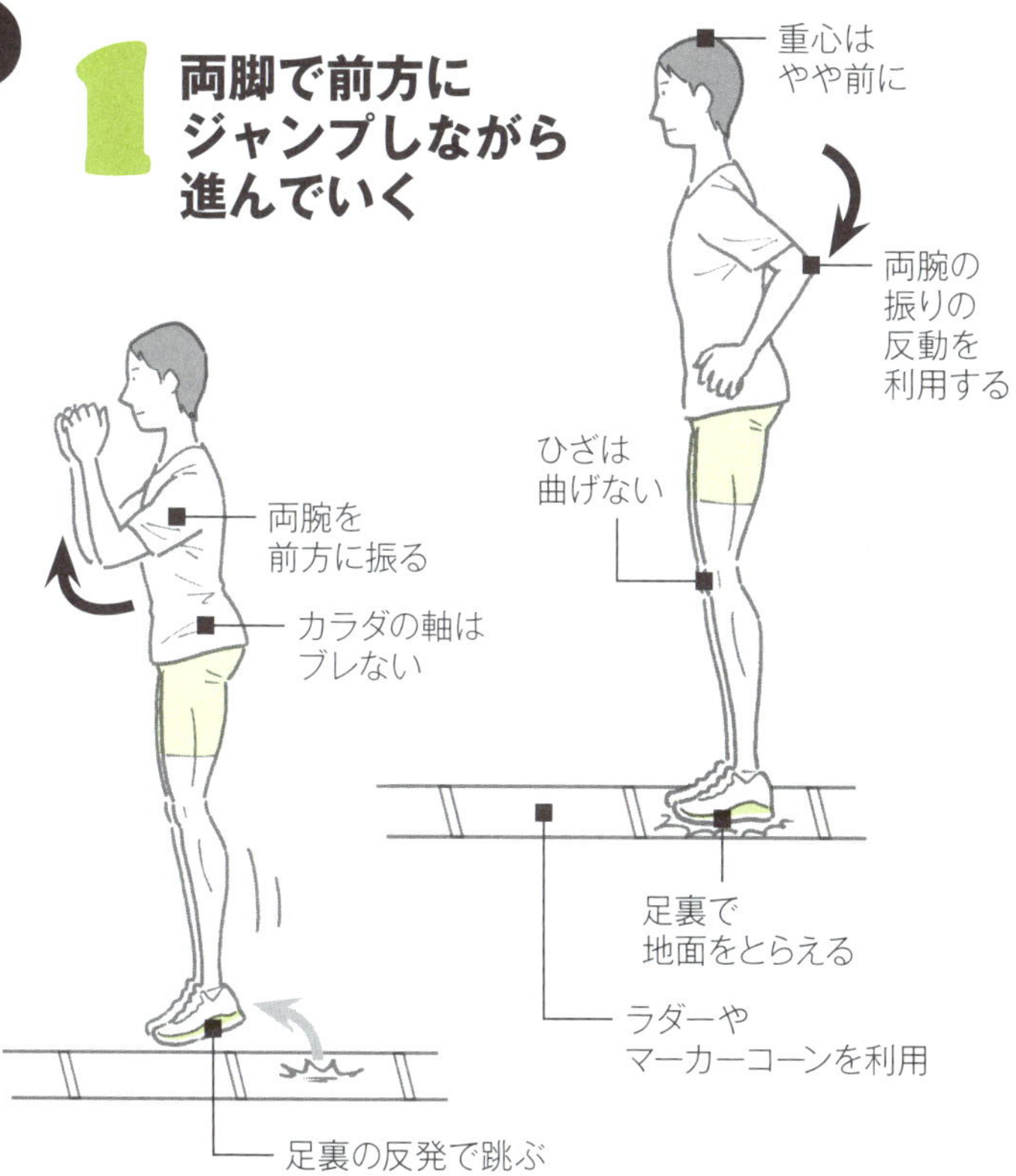

重心はやや前に
両腕の振りの反動を利用する
ひざは曲げない
足裏で地面をとらえる
ラダーやマーカーコーンを利用
両腕を前方に振る
カラダの軸はブレない
足裏の反発で跳ぶ

目安
15m×2

D-UP21

片脚フロントジャンプ

目的 ランニング動作により近い片脚支持の状態で、地面の反発と腕振りの力を利用してジャンプするドリル。

1 片脚ジャンプで前進していく

重心は
やや前に
腕振りの
反動を利用
逆の脚を
振り上げる
片脚ジャンプ
カラダの
軸は
ブレない
腕を振る
ラダーや
マーカーコーンを利用
しっかり足裏で
地面をとらえる
バランスを崩さずに
進んでいく
片脚ジャンプを
安定させる

目安
15m×2

D-UP22

ニーアップ&ドロップ（前進）

目的

足裏全体で地面をたたきつけながら、地面の反発を利用して脚を上げて前進していく感覚を養う。

1 脚を下ろすことを意識して、もも上げで前進する

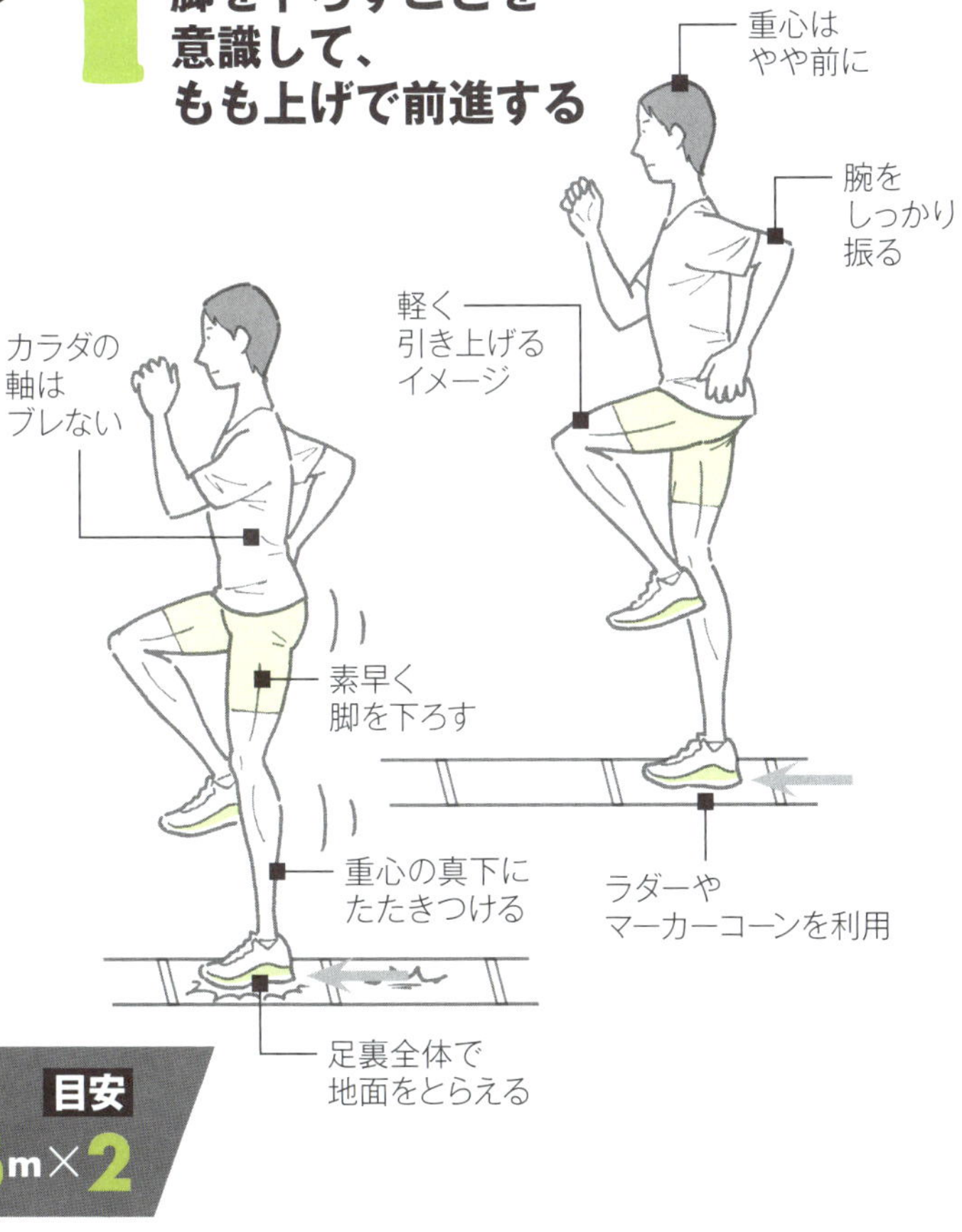

重心はやや前に
腕をしっかり振る
軽く引き上げるイメージ
カラダの軸はブレない
素早く脚を下ろす
重心の真下にたたきつける
ラダーやマーカーコーンを利用
足裏全体で地面をとらえる

目安
15m×2

練習の前後に! ケガをせずに長く走れる!

真名子式 ストレッチ& エクササイズ

全9種目

練習の前後には必ずカラダをケアしておく！

ケガをせずに練習を継続していくことは、レベルアップには欠かせない必須条件です。

そして、これを実践していくためには、**練習前の準備と、練習後のカラダのケアが重要なポイント**。目的意識を持っているランナーほど、ストレッチなどは習慣になっています。

本項では、私たちが実践している基本的なストレッチやエクササイズを紹介します。

Stretch01

クロスオーバーストレッチ

目的

体幹をひねって緊張をゆるめながら軸をつくり、股関節まわりの筋肉を伸ばし、可動域を広げていく。

両肩は床につけたまま

1 あお向けになって両手を水平に伸ばし、片脚を反対側へ伸ばす

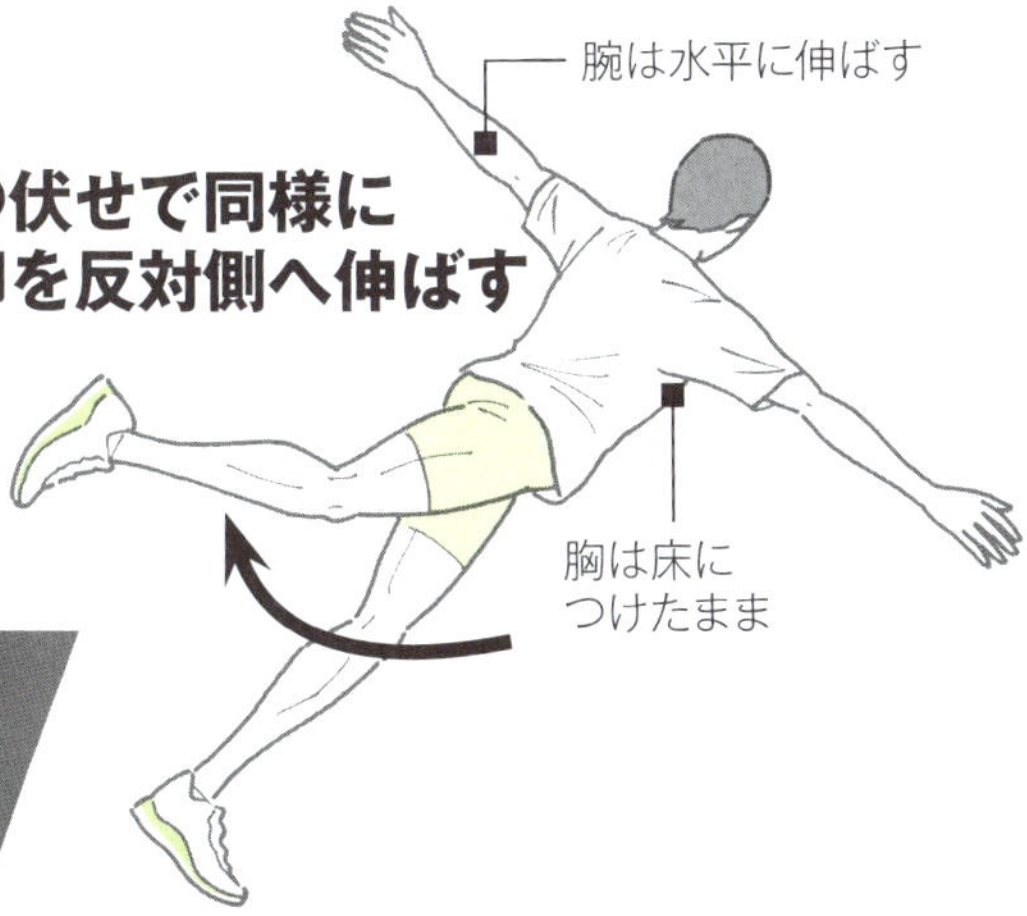
腕は水平に伸ばす
胸は床に
つけたまま

2 うつ伏せで同様に片脚を反対側へ伸ばす

目安
左右各5回×2

Stretch02

フロッグエクササイズ

目的 股関節を外側に開いた状態で、骨盤を上下に動かし、股関節の可動をよくするストレッチ。

1 四つんばいの姿勢で両脚は外側に開く

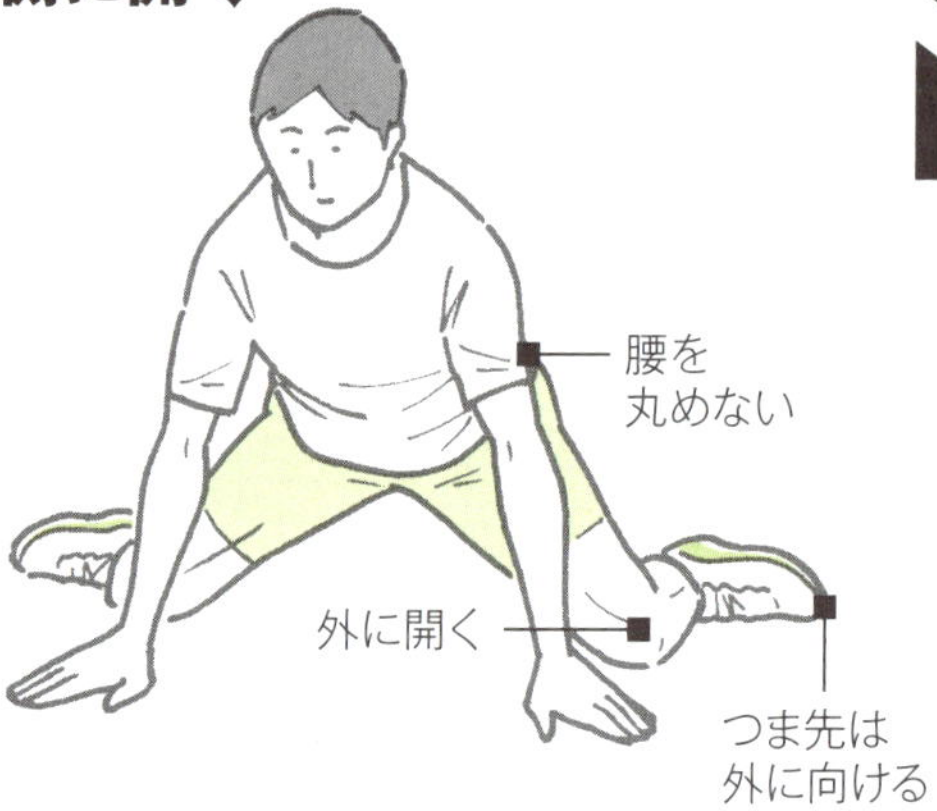
腰を
丸めない
外に開く
つま先は
外に向ける

2 骨盤を上下に動かす

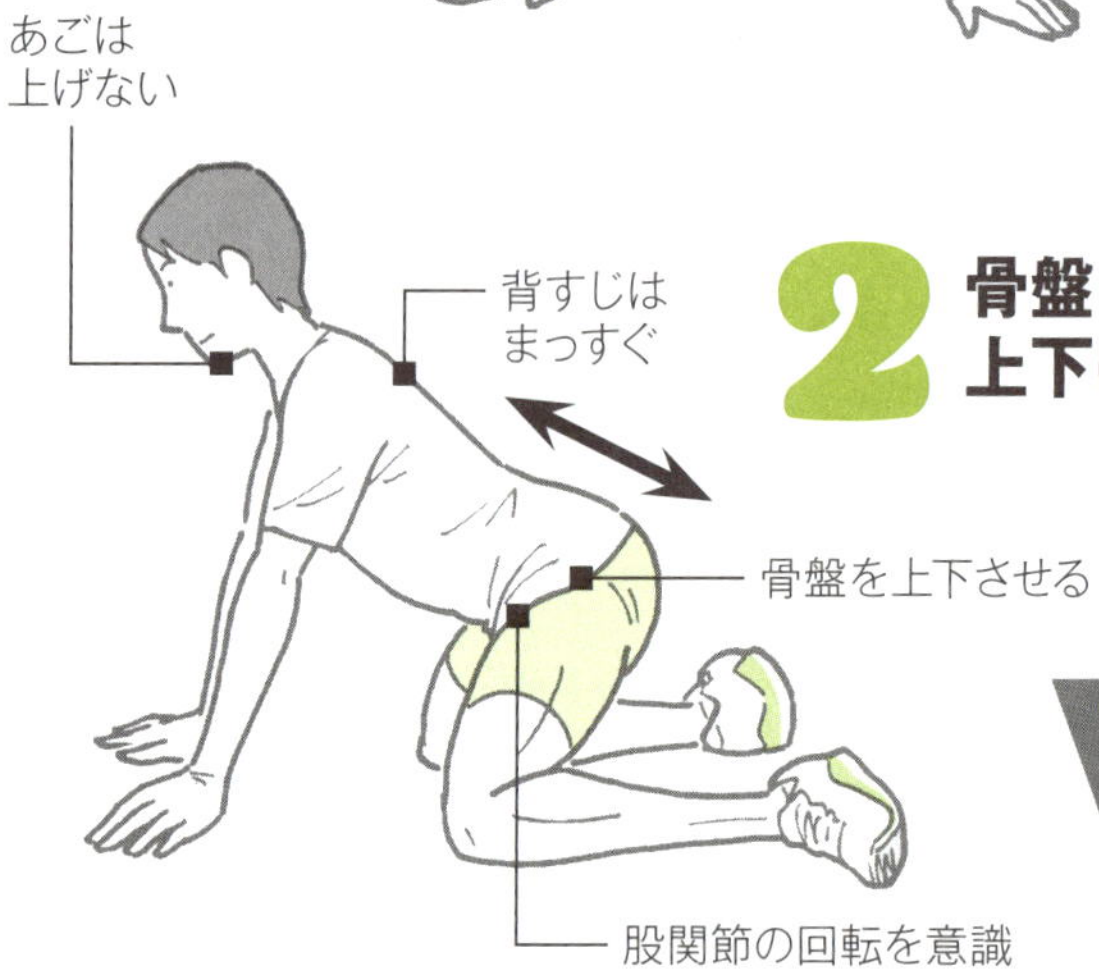
あごは
上げない
背すじは
まっすぐ
骨盤を上下させる
股関節の回転を意識

目安
10秒×2

Stretch03

体幹ツイスト

目的

カラダの軸を固定した状態で、下半身をツイストすることにより、体側部の全体を伸ばしていく。

1 あお向けの姿勢で両腕を真上に伸ばし、両ひざを立てる

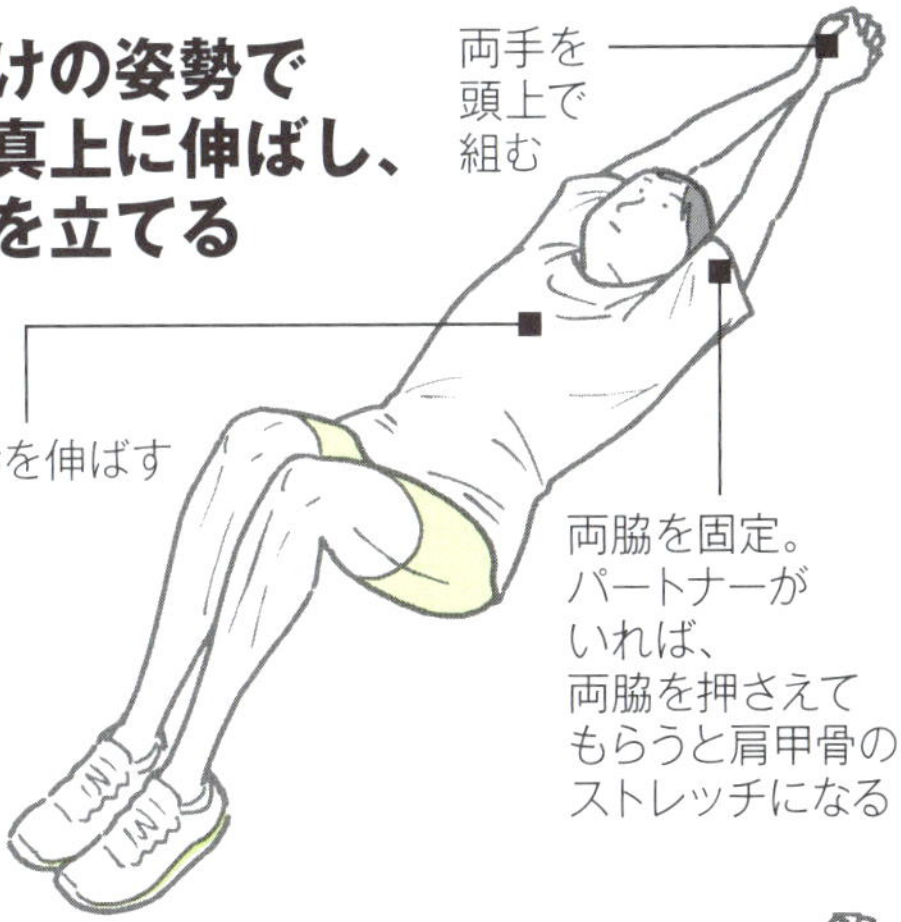
両手を
頭上で
組む
体幹を伸ばす
両脇を固定。
パートナーが
いれば、
両脇を押さえて
もらうと肩甲骨の
ストレッチになる

2 両ひざを左右交互に倒す

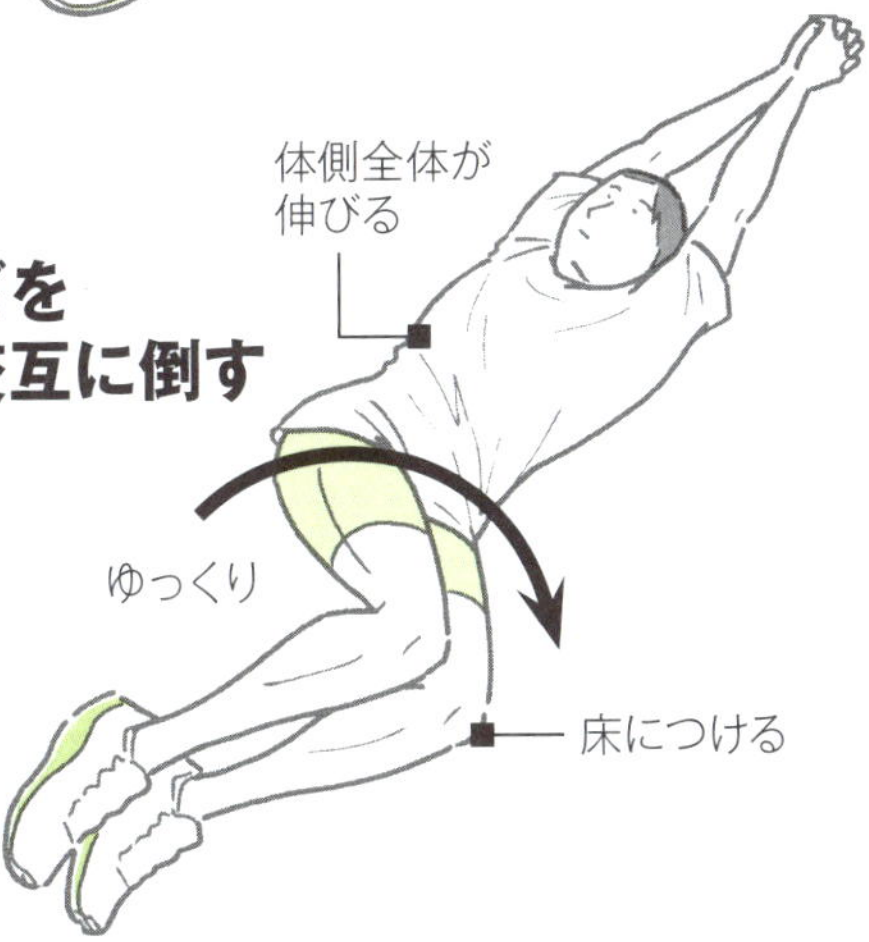
体側全体が
伸びる
ゆっくり
床につける

目安

左右交互5回×2

四股ストレッチ

目的 股関節を外に開きながら上下に動かすことで、ももの内側の緊張がゆるみ、股関節の可動域が広がる。

1 両脚を大きく開き、両ひじを両ひざの上に置いて腰を上下させる

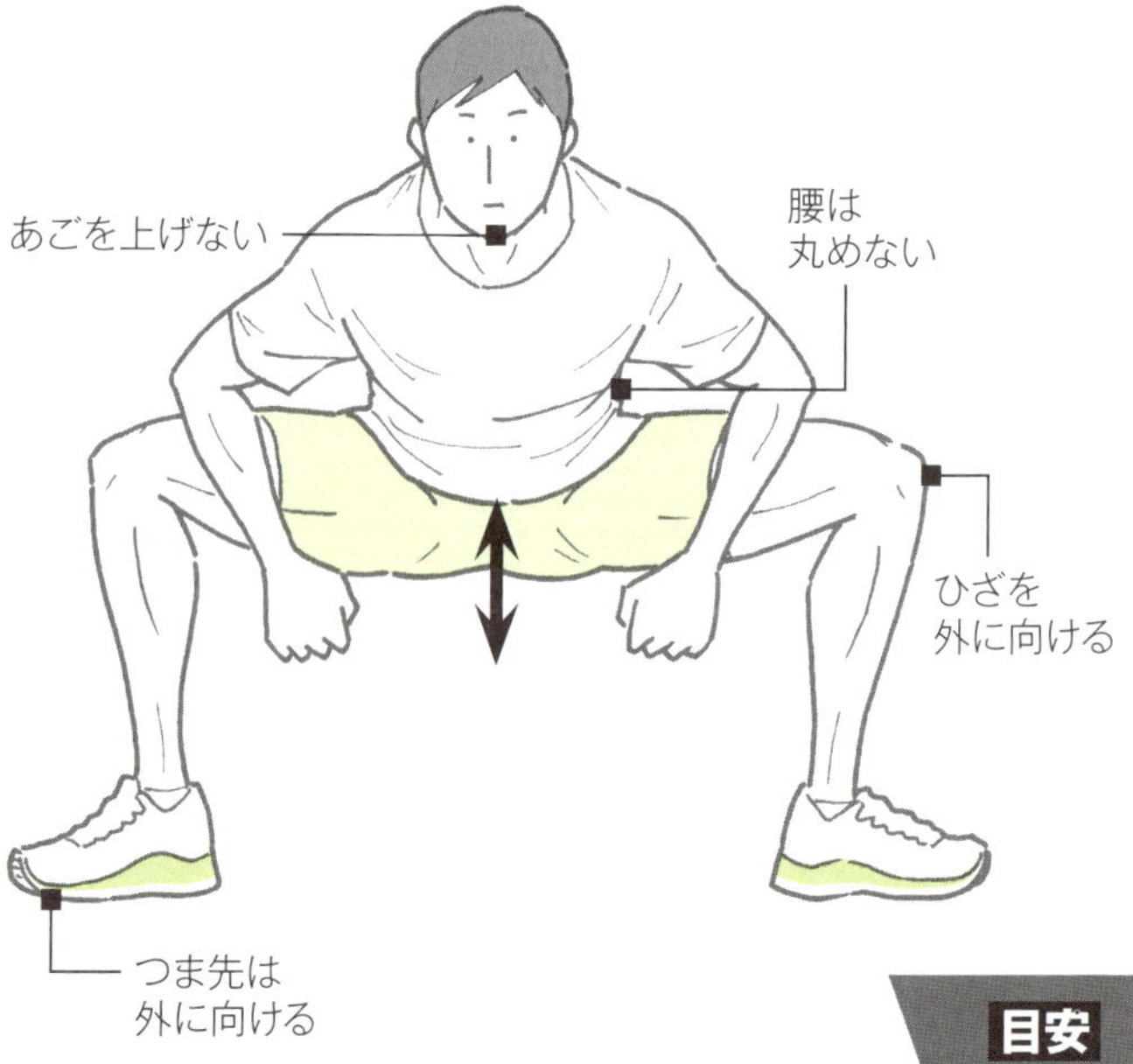

あごを上げない
腰は丸めない
ひざを外に向ける
つま先は外に向ける

目安
15秒×2

Stretch 05

開脚ストレッチ

目的

股関節の可動をスムーズにすると同時に、もも裏のハムストリングスの緊張をゆるめるストレッチ。

1 両脚を開いて前屈し、両手で左右のかかとをつかむ

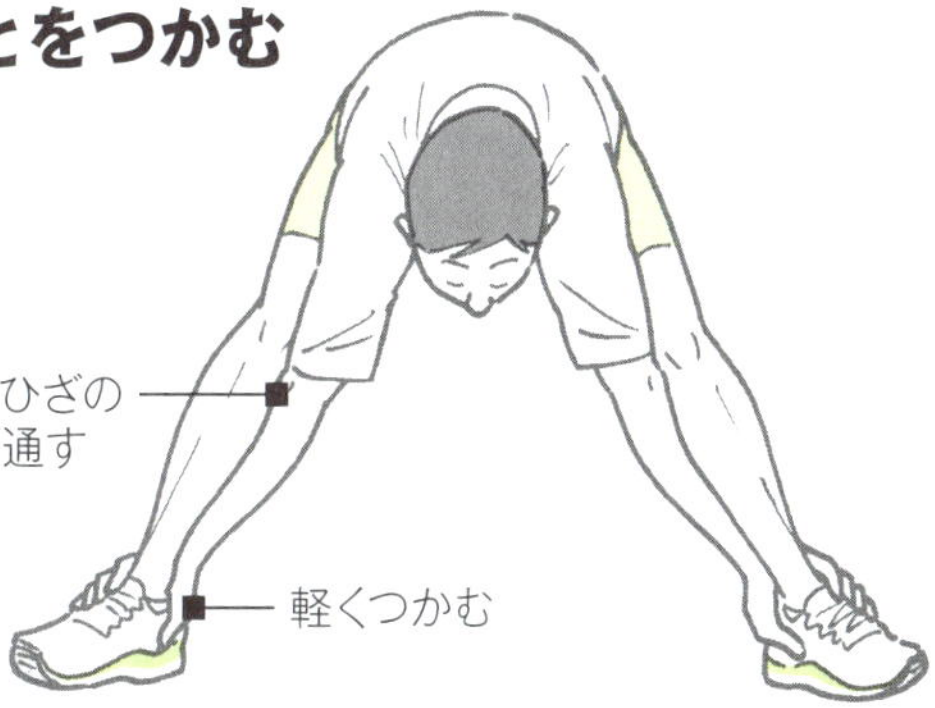

ひじはひざの内側を通す
軽くつかむ

股関節が伸びる
ひざを痛めないようにゆっくり動かす

2 左右交互にひざを伸ばす

目安

左右交互5回×2

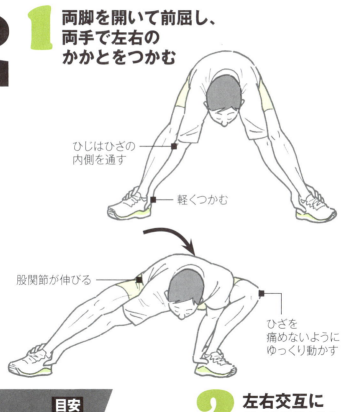

Stretch06

上体反らしストレッチ

目的 腹筋群を伸ばし、体幹中心部の可動域を確保することで、上半身と下半身の連動をスムーズにする。

1 うつ伏せの姿勢から上体を起こす

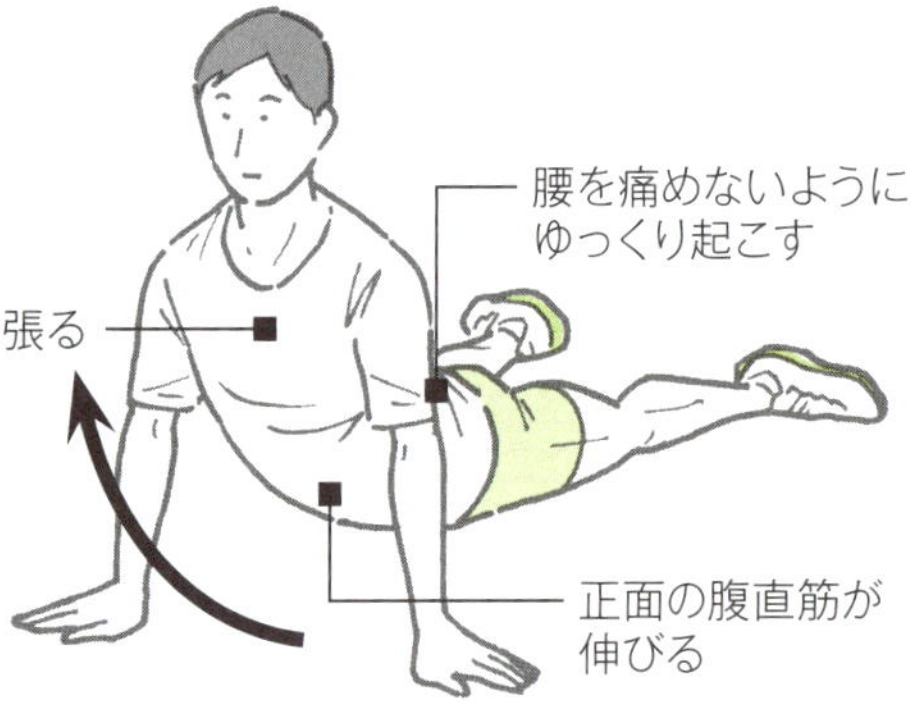

腰を痛めないように
ゆっくり起こす
胸を張る
正面の腹直筋が
伸びる

2 上体を左右交互に向ける

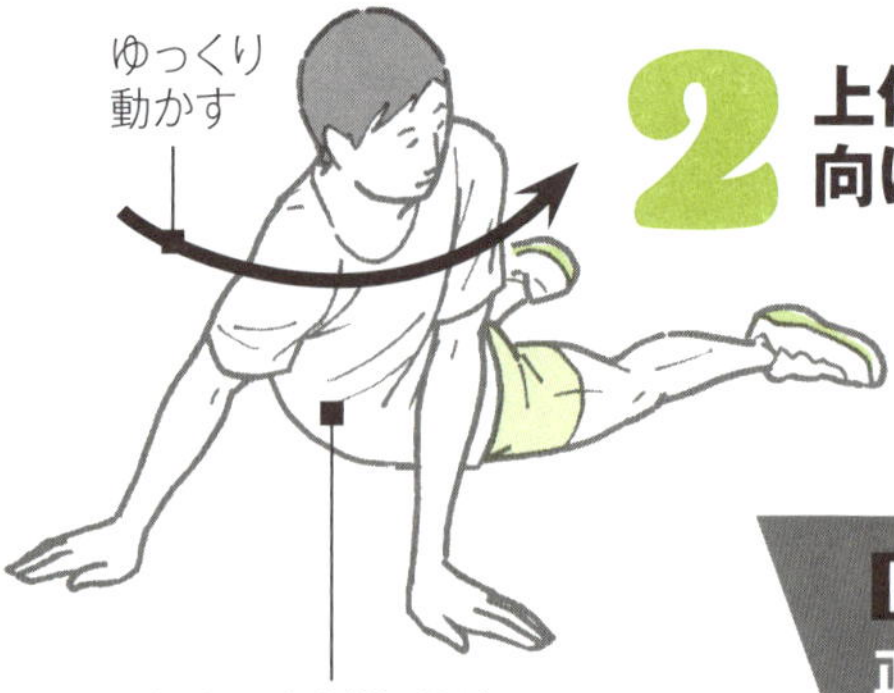

ゆっくり
動かす
左右の腹斜筋群が
伸びる

目安
正面・左右トータル10秒

Stretch07

スパイダーマンストレッチ

目的

股関節の前後の可動域を大きく広げ、周囲筋の緊張を全体的にほぐして、股関節の詰まりを解消する。

1 片ひざ立ちの姿勢から、前脚のひざの下から同側の腕を通し、足首をつかむ

ひざの下から
腕を通す
床に手をつく

2 後ろ脚を後方に伸ばす

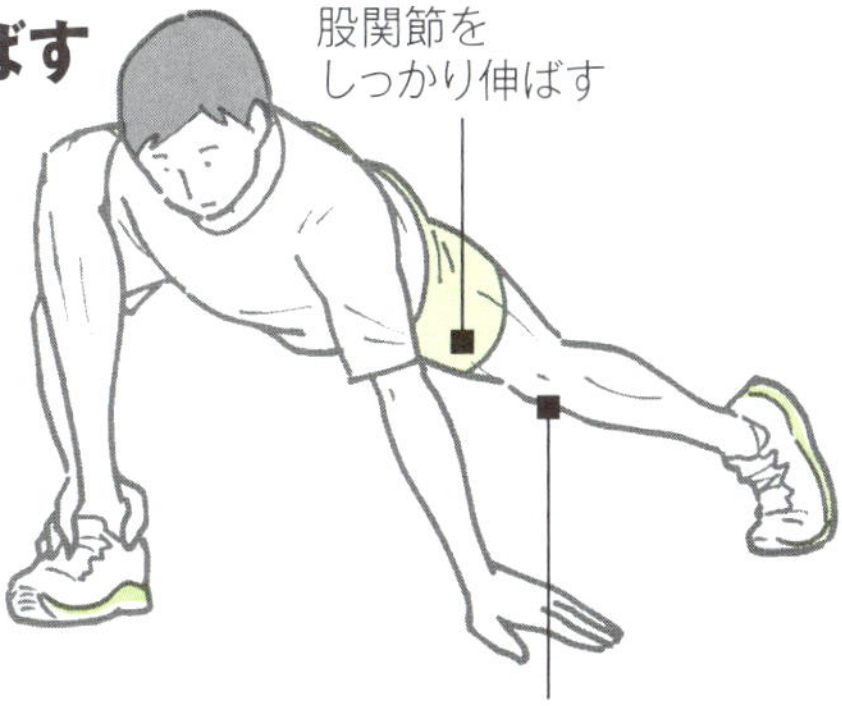

股関節を
しっかり伸ばす
ひざを床につけない

目安

左右各10秒×2

Stretch08

骨盤まわりストレッチ

目的　推進力となる大臀筋や、ストライドに影響する腸腰筋など股関節まわりの筋肉の緊張をゆるめる。

1 四つんばいの姿勢から、片ひざを横に倒して両手のすぐ後ろにすねを置く

ひざを外側に
向けて倒す

2 後ろ脚を後方に伸ばしながら、お尻を床につける

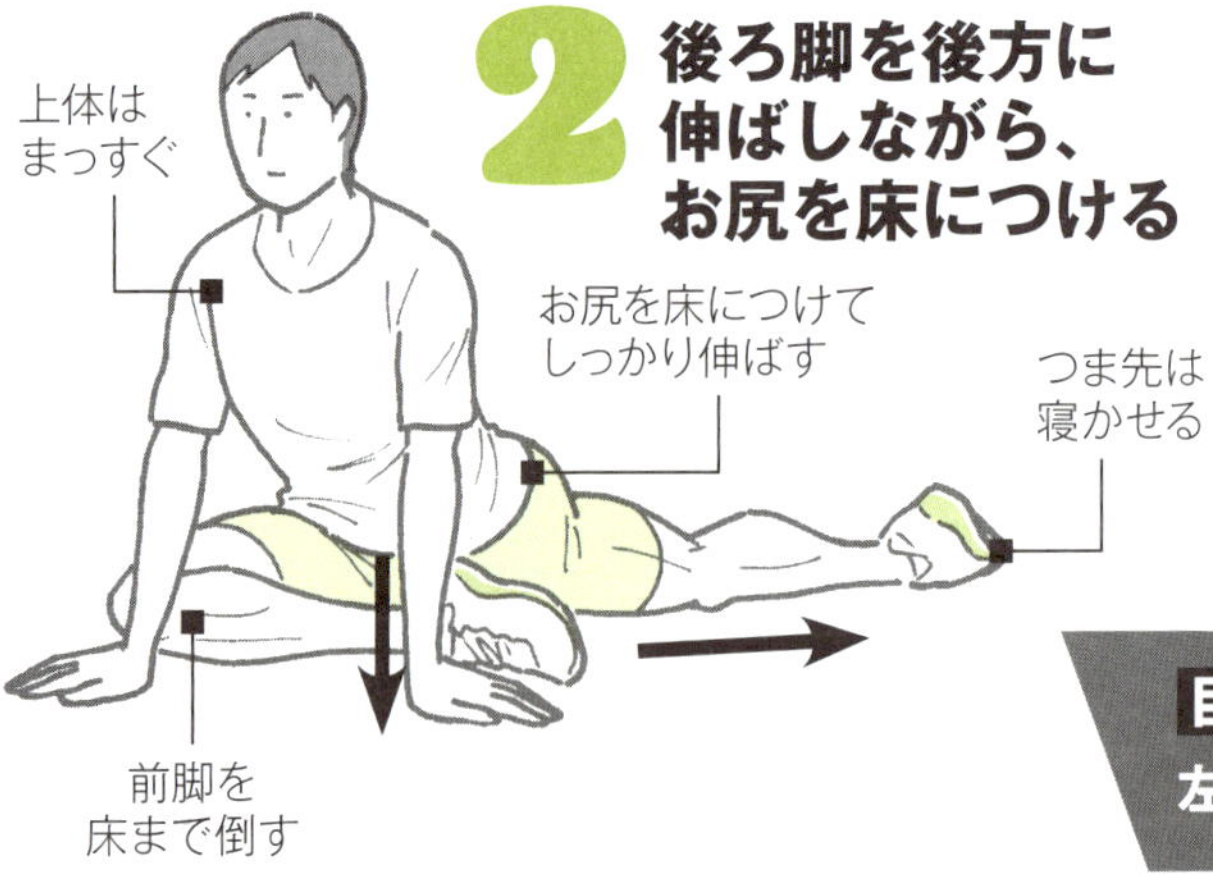
上体は
まっすぐ
お尻を床につけて
しっかり伸ばす
つま先は
寝かせる
前脚を
床まで倒す

目安
左右各15秒

Stretch 09

肩甲骨まわし

目的

腕振りから体幹の捻転力を生むのが肩甲骨。肩甲骨の可動域を広げ、体幹との連動をスムーズにする。

1 上体をやや前傾させ、両ひじを軽く曲げながら、鎖骨の真ん中を中心に肩を大きくまわす

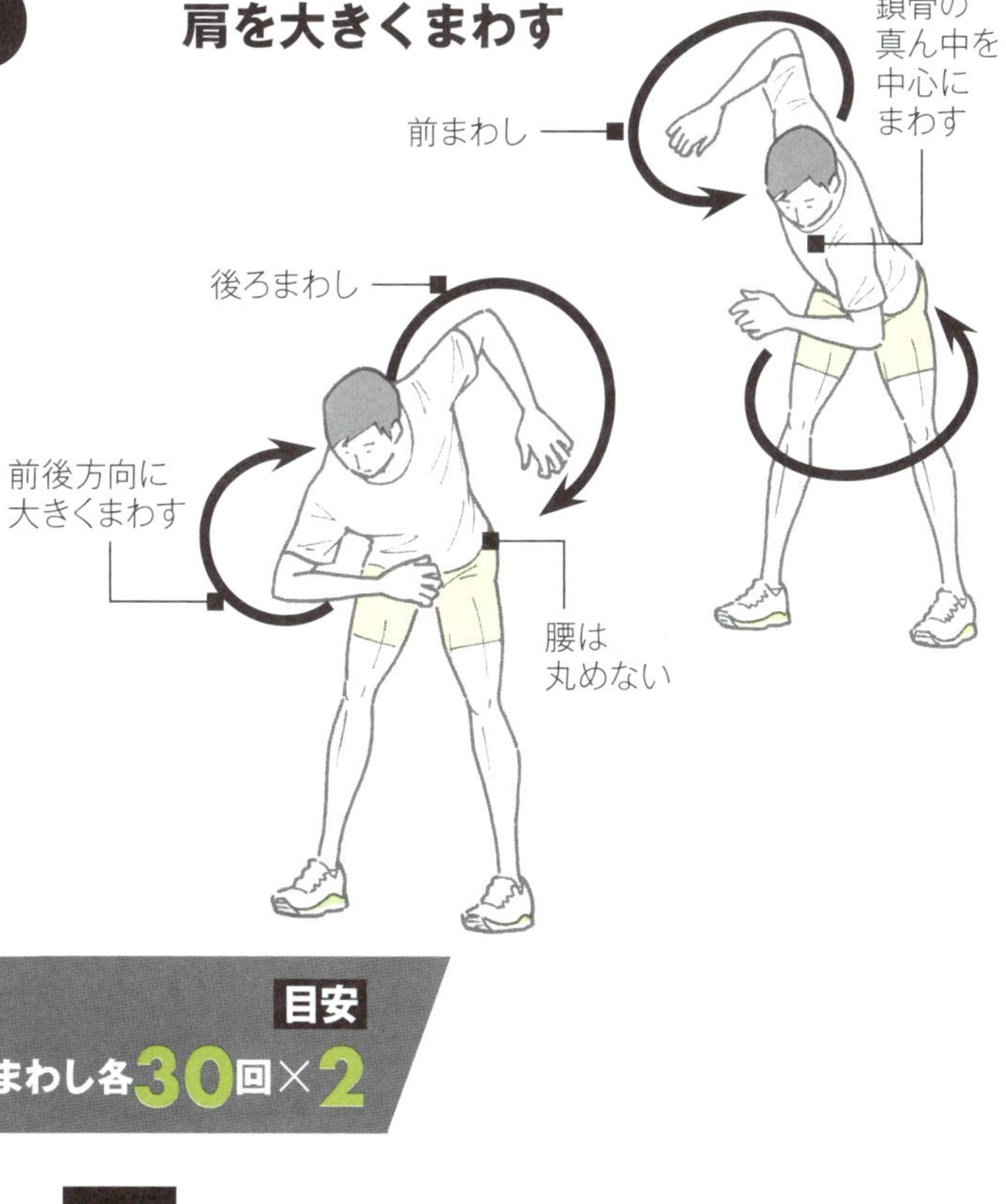

鎖骨の
真ん中を
中心に
まわす
前まわし
後ろまわし
前後方向に
大きくまわす
腰は
丸めない

目安

前後まわし各30回×2

真名子式

練習メニューを組んでみよう!

種目ごとに明確な「1＝テーマ」を設定してメニューを組む

練習メニューは、目標から逆算して組んでいくものですが、**目標は個人によってそれぞれ異なります**。そのため、目標とするレースや設定タイムも人によって異なるため、私が提示するメニューも、あくまで参考事例とし、**自分の目標とする設定に合わせてアレンジする**必要があります。

本項では、学生たちの指導でよく使う、**1500m走からハーフマラソンまでの各種目、試合15日間前からの練習メニュー**を紹介しています。また、**フルマラソンの3時間切りを目標とした場合の練習メニュー**も作成。各メニュー作成の考え方を参考に自分流にアレンジしてみてください。

真名子式

5つの種目別練習メニュー

目標とするレースに合わせ、1500m 走からフルマラソンまでの練習メニューを選択!

P148へ

1500m走

有酸素機能を最大限に引き出す必要がある長距離の最速種目!

P150へ

5000m走

スピードとスタミナの中間的な要素を持つ種目!

P152へ

10000m走

ある程度のスピードを維持しながら、持続力の要素が強い種目!

P154へ

ハーフマラソン

10000m の走力をベースに距離耐性が必要となる種目!

P156へ

フルマラソン3時間切り

市民ランナーレベルであれば、走行距離がポイントとなる種目!

練習メニューを組んでみよう！ 01

1500m走の練習メニュー

「1000mのスピード維持」と「ラスト300mのスパート力」を引き出す

1500m走は、スタートから飛ばして入り、最高のスピードを維持しながら、**1000mの通過を、いかに余裕を持って速く走れるか**が重要なポイント。さらに、**ラスト300mでどれだけ切り替えてスピードを上げられるか**が、レース攻略のポイントになります。

スパート距離は、400mだと最後に脚が止まってしまうことが多く、それが300mになると脚が最後まで持ちやすいという経験則から導き出した戦略です。

どの種目にも共通していることですが、**レースの10日前に一番負荷をかけ、大きな刺激を入れておきます**。この場合は、1000mに100mのリカバリーを挟んで300mを2本走ります。ここの柱をうまく走れると、目標達成のストーリーが見えてきます。あとは、うまく力を溜めておけば、成功の確率が高まるでしょう。

1500m走の15日間練習メニュー

1000m通過時の余裕度とスピード、ラスト300mの切り替えがポイント！

	調整期		
	15日前	JOG	2日後のポイント練習に向け、調子を上げていくイメージで60分ほど。
	14日前	D-up+JOG	動きづくりドリル（P113）で動きを整え、翌日のポイント練習に備えて45分くらい走る。
★	13日前	（600m+300m）×3	レースペースでつなぎジョグ100m。3日後のポイント練習の予行演習の意味合い。
	12日前	Free	カラダを休める。
	11日前	JOG	翌日のポイント練習に向け、リズムを上げるイメージで45～60分。
★	10日前	（1000m+300m）×2	レースペースでつなぎジョグ100m、セットリカバリーは10分。1000m の通過とラスト300m を意識。
	9日前	JOG	カラダの回復を図るイメージでゆっくり長めに。芝生で走るのもおすすめ。
	8日前	D-up+JOG	動きづくりドリルで動きを整えて、45～60分くらい軽やかに走る。
	7日前	JOG	翌日のポイント練習に向け、リズムを上げるイメージで45～60分。
★	6日前	8000m～10000mPR	余裕のあるペース設定で距離を踏み、力を溜めるイメージのペース走（P109）。
	5日前	Free	カラダを休める。
	4日前	FJ	各自の調子に合わせて自由に設定するフリージョグ（P107）。
	3日前	（300m×3）×2	力を吐き切らず、溜めるイメージで実施。ウインドスプリント（P112）感覚で調子を整える。
	2日前	FJ	各自の調子に合わせて自由に設定。
	1日前	6000mRJ+α	リズムジョグ（P107）。調子を見てウインドスプリントなどをプラス。
	1500mレース		

★印はポイント練習

練習メニューを組んでみよう! 02

5000m走の練習メニュー

「３０００ｍの通過タイム」と「残り２０００ｍの粘り」がカギを握る

５０００ｍ走は、**３０００ｍの通過がひとつのポイント**になり、いかに余裕を持って速く走れるかが、カギを握ります。そして、苦しくなってくる**残りの２０００ｍをどれくらい粘ってスピードを維持できるか**、また、５０００ｍの場合は、ラスト1周**４００ｍで切り替えてくる選手が多い**ので、スパートの切り替えも頭に入れておきます。

１５００ｍより距離が長くなってくるので、**いかに設定ペースを維持しながら、質の高い練習で追い込めるか**が重要になってきます。たとえば、10日前の８００ｍ５本は、なぜ１０００ｍ４本ではないのかというと、１０００ｍだと追い込み切れない設定ペースでも８００ｍならクリアしやすく、同じ４０００ｍでも練習の質が高く維持できます。**距離を短くし、ペースをカラダに馴染ませることを優先する**考え方なのです。

5000m走の15日間練習メニュー

3000m通過タイムの底上げと、残り2000mの粘り＆ラスト400mの切り替えを意識！

	調整期		
★	15日前	3000m+(400m×5)	レースペースの3000mと400mの間はレスト3分、400mは1分レストか200mジョグでつなぐ。
	14日前	JOG	カラダを回復させるイメージで、ゆっくりペース60分。
	13日前	D-up+JOG	動きづくり(P113)。翌日のポイント練習に向け、動きを整え、調子を上げるメージで45分走る。
★	12日前	12000mR-up	ジョグの範囲内でペース(リズム)を上げていく(P107)。2日後のポイント練習に向けたつなぎ。
	11日前	JOG	翌日のポイント練習に向け、調子を上げていくイメージで45〜60分。
★	10日前	(800m×5)+1000m	800mはレースペースより速いスピードで追い込む。レスト3分後、ラスト1000mもトップスピードで走り切る。
	9日前	JOG	回復を図るイメージでゆっくり長く75分。
	8日前	Free	カラダを休める。
	7日前	D-up+JOG	翌日のポイント練習に向け、動きを整え、調子を上げるメージで45分走る。
★	6日前	8000mPR+(400m×2)	レースペースより余裕のあるペース設定で距離を踏み、力を溜めるイメージ。レストは1〜3分。
	5日前	JOG	回復を図るイメージで45〜60分。
	4日前	FJ	各自の調子に合わせて自由に設定するフリージョグ(P107)。
	3日前	800m×3	力を吐き切らず、溜めるイメージで実施。ウインドスプリント(P112)感覚で調子を整える。
	2日前	FJ	各自の調子に合わせて自由に設定。
	1日前	8000mRJ+α	リズムよくジョグの範囲内で走る(P107)。調子を見てウインドスプリントなどをプラス。
	5000mレース		

★印はポイント練習

練習メニューを組んでみよう! 03

10000m走の練習メニュー

「5000mの通過」と「8000mまでの粘り」、「残り2000mのペースアップ」がテーマ

１００００ｍ走は、**５０００ｍの通過が最も重要なポイント**になります。そこから**８０００ｍくらいが一番キツく感じる区間なので、そこを粘ってキープできるか**、そして**残りの２０００ｍを力を出し切りながらどこまでペースアップできるか**というのが、レース攻略の基本的な考え方です。

このメニューのポイントは、10日前の１０００ｍ×８本のインターバル走で負荷をかけて追い込むことですが、15日前の４０００ｍ＋２０００ｍも特徴的です。このときに５０００ｍのレースがあれば、それに参加し、**１００００ｍのレースペースで走った後、サブトラックで残り２０００ｍを走る**ことがあります。レースでない５０００ｍだと、設定ペースで追い切れない学生も出てくるので、**練習では４０００ｍに減らして心理的なハードルを下げ、設定をクリアさせる**場合もあります。

10000m走の15日間練習メニュー

5000mの通過タイムを最重要課題とし、そこから粘ってラストを上げる持久力を強化！

	調整期		
★	15日前	4000m+2000m	レースペースで4000mか、5000mのレースに参加し、プラス2000mを走る。レストは3分程度。
	14日前	Free	カラダを休める。散歩でもよい。
	13日前	D-up+JOG	翌日のポイント練習に向け、動きを整え(P113)、調子を上げるメージで45分走る。
★	12日前	14000mR-up	ジョグの範囲内でペースを上げていく(P107)。2日後のポイント練習に向けたつなぎ目的。
	11日前	JOG	翌日のポイント練習に向け、調子を上げていくイメージで45〜60分。
★	10日前	1000m×8	レースペースより速いスピードで追い込む。つなぎのジョグは状態によって200mか400mで設定。
	9日前	JOG	回復を図るイメージでゆっくり長く75分。
	8日前	Free	カラダを休める。
	7日前	D-up+JOG	翌日のポイント練習に向け、動きを整え、調子を上げるメージで45分走る。
★	6日前	12000mPR +(400m×2)	レースペースより余裕のあるペース設定で距離を踏み、力を溜めるイメージ。
	5日前	JOG	回復を図るイメージで45〜60分。
	4日前	FJ	各自の調子に合わせて自由に設定するフリージョグ(P107)。
	3日前	1000m×3	力を吐き切らず、溜めるイメージで実施。ウインドスプリント(P112)感覚で調子を整える。
	2日前	FJ	各自の調子に合わせて自由に設定。
	1日前	8000mRJ+α	リズムよくジョグの範囲内で走る(P107)。調子を見てウインドスプリントなどをプラス。
	10000mレース		

★印はポイント練習

練習メニューを組んでみよう! 04

ハーフマラソンの練習メニュー

「12㎞のスピード維持」と「残り10㎞弱を走り切れる対応力」

ハーフマラソンの場合は、やはり**距離耐性をつける**ことが、最重要のテーマとなります。レース攻略のポイントとなるのは、12㎞の通過タイムです。10㎞の通過だと、まだ半分以上の距離が残っていますが、**12㎞を基準に考えると、残り10㎞を切っているので、心理的なプレッシャーが軽減され、粘り切るイメージをしやすくなります。**

練習メニューのポイントは、2週間前の24㎞走ですが、実はその**1週前にレースペースで追い込む12㎞＋3㎞という一番キツい負荷の練習を入れている**ことが前提としてあります。そこからリカバリーしつつ、しっかり距離を踏むということで、2週間前に24㎞の距離走をゆっくりめのペースで走ります。

そこからは、運動強度のメリハリをつけながら、**力の吐き出しを抑えつつ、うまく溜める方向で調整**していきます。

ハーフマラソンの15日間練習メニュー

12kmを余裕を持って速く走り、残りの10km弱を粘り切るイメージで強化！

	調整期		
	15日前	JOG	ハーフマラソンの練習ではトラックより長めに60〜90分走る。
★	14日前	24km走	前週の12km+3km のスピード刺激で追い込んでいるので、ここでは距離刺激が目的。
	13日前	Free	カラダを休める。散歩でもよい。
	12日前	D-up+JOG	翌日のポイント練習に向け、動きを整え(P113)、調子を上げるイメージで45分走る。
★	11日前	1km×8	ロードでスピード刺激を入れる。レースペースで走り、レストは1分。
	10日前	JOG	回復を図るイメージでゆっくり長く60〜90分。
	9日前	JOG	翌日のポイント練習に向け、調子を上げていくイメージで45〜60分。
★	8日前	(2000m×4)+400m	レースペース刺激を入れ、ラストはレースペースより速く走るが、出し切るまではいかないイメージ。レストは1〜3分。
	7日前	Free	カラダを休める。散歩でもよい。
	6日前	D-up+JOG	翌日のポイント練習に向け、動きを整え、調子を上げるメージで45分走る。
★	5日前	8000mPR +(400m×2)	レースペースより余裕のあるペース設定で距離を踏み、力を溜めるイメージのペース走(P109)。
	4日前	JOG	回復を図るイメージで45〜60分。
	3日前	FJ	各自の調子に合わせて自由に設定するフリージョグ(P107)。
	2日前	1000m×2	力を吐き切らず、溜めるイメージで実施。ウインドスプリント(P112)感覚で調子を整える。
	1日前	FJ	各自の調子に合わせて自由に設定。
	ハーフマラソンレース		

★印はポイント練習

練習メニューを組んでみよう! 05

フルマラソン 3時間切りの練習メニュー

前半でいかに労力を抑えながら設定ペースに乗せて走れるかがポイント!

フルマラソンは、**前半でエネルギーを浪費せずに、しっかり設定ペースに乗せられるか**が、成功のカギを握ります。

3時間切りを目指すなら、4分15秒／㎞ペースで走り切ることが必要ですが、スピードというより**距離耐性を身につけることが重要で、練習においても常に距離を確保する意識**を持ちましょう。

距離に対応するために、調整期間も42日前からと長めになっており、練習時間もあまり確保できないことを想定しています。

最初にハーフマラソンのレースに出て、フルマラソンのレースペースより速い4分05～10秒／㎞で走り切ることが、ひとつの目安になります。そこから、いくつかのポイント練習の柱で状態を確認しながら、最終的に**7日前の15㎞走を余裕を持ってクリア**できたら、本番でうまくいく可能性が高くなると思います。

フルマラソン3時間切りの42日間練習メニュー

要所のポイント練習を柱に、4分15秒／kmペースで約42kmを走り切る力をつける！

	調整期		
★	42日前	ハーフマラソン（約21km）レース	フルマラソンより速い4分05〜10秒／kmペースで走り切る。
	41日前	JOG	回復目的のゆっくりペースで40分ほど走る。
	40日前	Free	カラダを休める。
	39日前	12km〜14kmJOG	距離を確保しながらカラダを整える。
★	38日前	15kmR-up	6分／kmペースからスタートし、気持ちよくリズムを上げていく（P107）。
	37日前	5km〜8kmJOG	翌日のポイント練習に向けて、調子を整えるイメージで走る。
★	36日前	400m×12（90秒×12でもOK）	3分45秒／kmペースくらいのスピードで心肺を刺激。つなぎジョグは200〜400mで。
★	35日前	30km走	5分15〜45秒／kmのペースでじっくり走り込む距離走（P110）。
	34日前	Free	カラダを休める。散歩でもよい。
	33日前	Free ※時間があればストレッチ＆エクササイズ	カラダを休める（P136のストレッチやエクササイズでカラダを動かす）。
	32日前	10kmJOG	軽いジョグで距離を踏みつつ、調子を整える。
	31日前	200m×10	ウインドスプリント（P112）感覚で、動きを整えるイメージ。
	30日前	5km〜8kmJOG	翌日のポイント練習に向けて調子を上げていくジョグ。
★	29日前	12kmB-up	4分35秒／km→4km、4分25秒／km→4km、4分15秒／km→3km、4分10秒／km→1km（P109）。
	28日前	LJ	ゆっくりペースで120分以上走るロングジョグ（P107）。回復と距離耐性の強化。
	27日前	12km〜14kmJOG	距離をしっかり踏みつつ、調子を整えるジョグ。
	26日前	4kmJOG+下り坂WS×15+2kmJOG	ジョグはアップ程度に。下り坂のウインドスプリント（150mほど）で速い動きの感覚を整える。
	25日前	JOG	ゆっくりペースで60分ほど走る。回復を図りながら距離も確保。
	24日前	12km〜14kmJOG	つなぎのジョグでしっかり距離を踏んでおく。
	23日前	5km〜8kmJOG	翌日のポイント練習に向けて調子を上げていくジョグ。

★	22日前	25km走	35日前の30km走より速い5分00～30秒／kmのペースで走り込む距離走（P110）。
	21日前	Free	カラダを休める。散歩でもよい。
	20日前	D-up+10kmRJ	動きづくりドリル（P113）で動きを整え、リズムよく走って調子を上げていく（P107）。
	19日前	8km～10kmJOG	距離を踏みつつ、カラダの調子を整えるジョグ。
	18日前	12kmJOG	リズムジョグに近い形で、少し長めに走る。
	17日前	Free	カラダを休める。練習の予備日として使ってもよい。
	16日前	LJ	ゆっくりペースで90分走り、調子を整えながら距離も確保するロングジョグ（P107）。
	15日前	8kmJOG	翌日のポイント練習に向けて調子を上げていくジョグ。
★	14日前	5km ×2	1本目が21分40秒、2本目が21分15秒。レースペースまで上げるスピード刺激。レストは1～3分。
	13日前	JOG	回復目的で40分ほどゆっくりペースで走る。
	12日前	Free	カラダを休める。練習の予備日として使ってもよい。
	11日前	4kmJOG+下り坂WS×10+2kmJOG	ジョグはアップ程度に。下り坂のウインドスプリント（150mほど）で速い動きの感覚を整える。
	10日前	8km～10kmJOG	10日前あたりからジョグは調子を整える目的になる。
	9日前	D-up+10kmRJ	動きづくりドリルで動きを整え、リズムよく走って調子を上げていく。
	8日前	8kmJOG	翌日のポイント練習に向けて調子を上げていくジョグ。
★	7日前	15km走	ここで最後のスピード刺激。4分30～45秒／kmのペースで余裕を持って走り切れるかを確認。
	6日前	10kmRJ	調子を整えながら、リズムよく走って力を溜める。
	5日前	Free	カラダを休める。散歩でもよい。
	4日前	FJ	各自の調子に合わせて自由に設定するフリージョグ（P107）。
	3日前	2km+WS	2kmは8分20秒のレースペースよりやや速め。ウインドスプリント（P112）で動きを整える。
	2日前	FJ	各自の調子に合わせて自由に設定。
	1日前	FJ+WS	軽いジョグで調子を上げ、ウインドスプリントで動きを整える。
	フルマラソンレース		

★印はポイント練習

第5章

「1＝心」を込めて強くなる

01

真名子語録

チーム全体のビジョンを共有する

私たちのチームは、**「箱根駅伝を走る」という共通の目標**があり、基本的にそれが走りたくて集まっている集団なので、通常の組織よりはビジョンを共有しやすいのかもしれません。ただし、トップレベルの選手のなかには、駅伝に固執することなく、トラック種目でオリンピックを目指している選手、またはやりたい選手がいると思います。そうした選手には、「個人としては最高の舞台ではないかもしれないけれど、チームとしては最高の舞台なのでしっかり走ってほしい」ということは、きちんと伝えます。そうしないと、チームの規律が保てなくなってしまうので、**スカウトの時点でチームとしての核となる目標は伝えています**。だから、「話が違う」ということにはなりません。

現実問題として、**大学や企業は駅伝があるから、私たちのチーム強化にお金を出資してくれる**わけで、そうしたサポートがなければ、我々は活動できません。私たちが**競技**

に集中できる今の環境があるのも、大学やそのほかのサポートがあって初めて成立するものだということを、きちんと理解しておくべきだと思いますし、学生たちには現状に感謝する気持ちを持ちながら、駅伝をしっかり走ってもらいたいと考えています。

選手として走れない学生たちの目標意識

競技スポーツは、チーム内でも選手選考という厳しい競争のある世界ですから、**実力的にメンバーから外れてしまい、箱根駅伝という目標を持てない**というケースも少なくありません。ただ、チームには50人弱の学生がいて、その5分の1しか箱根駅伝を走れないということは元々知っていたわけです。それを覚悟のうえで入学してきているのですから、最終選択は本人次第であるにしろ、現実は理解してもらいます。

では、箱根駅伝を走ったから成功、走れなかったら失敗なのかというと、決してそうではありません。チームには、マネージャーやサポートという重要な役割もあります。

さらに、**メンバー外の学生たちがあきらめずに挑戦し続けることが、「箱根駅伝で勝てる」強いチームになるためには、必須条件**でもあるのです。

02

真名子語録

表舞台で活躍する選手だけがチームの主役ではない

主力選手とそれ以外の学生たちとの間で、目標意識に温度差が生じてしまうと、チームとしての機能が低下してしまいます。私としては、**目標を達成したときに、チーム全員で心から喜びを分かち合えるようなチームづくり**をしたいと考えています。

ただ、選手選考の厳しさというのは、現実としてあるわけで、学生たちひとりひとりに、**「自分はなぜ選ばれ、なぜ選ばれなかったのか？」**ということをしっかり納得してもらうようにしなければなりません。中学校や高校の陸上部でも、そうした厳しさは体験してきた学生たちなので、明確に理由を説明すれば、現実を受け入れることは難しいことではないと思います。とはいえ、選手発表のときは、**発表した後で選ばれなかった学生たちを呼んでフォローするのではなく、事前に個別に説明し、納得してもらったうえで選手を発表**します。発表時に彼らに嫌な気持ちになってほしくないのです。自分が選ばれなかった理由だけでなく、主力選手たちが選ばれた理由も明確に示します。そうすれば、自分にとっての課題も明確になりますし、その課題を克服すれば次に走れる可能性があるのだと、前向きな気持ちに切り替えることもできます。

役割は違うけれど、同じ目標に向かっている

明治維新のとき、勝利したのは薩長ら維新側で、敗北したのは徳川幕府です。でも、私の個人的な考えとしては、負けた徳川幕府がいたからこそ、明治という新しい時代を開けたのであり、維新側も徳川も皆、日本をよくしたいという思いは一緒だったはずです。そして、**勝者がいるのは、敗者の存在があればこそ**だと私は思うのです。

これは、チームづくりも同じ。表舞台で活躍する選手だけがチームの主役ではありません。同じ思いを抱きながらも走れなかった仲間がいるから主力選手は頑張れるし、彼らがサポートとしての役割をきちんと果たせばこそ、主力選手たちは最高のパフォーマンスを発揮できます。**共通の目標の下で、役割こそ違うけれど、それぞれが高い意識を持って主役になることが、最高のチームになる条件**だと私は思います。

03

真名子語録

厳しいこともいい合えるのが本当のチームワーク

大東大のチームは、上下の風通しがよく、皆仲よしではあるのですが、仲よしグループの感覚でいる学生もまだ多くいるので、このままの状態だと今以上にレベルアップするのはとても困難だと考えています。**高い目標を持って、さらに上を目指していくなら、厳しいことも指摘し合えるようなチームを目指さなくてはならない**と思います。

レースで勝つことが、私たちの最大の目標であるなら、強く（速く）なることが、個人にとっても、チームにとってもよいことであるのは間違いありません。そして、強くなるためには、厳しさが必要ですし、**チームメイトが強くなるためであれば、たとえ厳しいことであっても指摘できる関係性を築くべき**だと思います。また、指摘された本人もそれに対してひがんだり、恨んだりするのではなく、自分のためにいってくれているのだと感謝できるような関係こそが、最高のチームワークだと思います。

単なる友人グループではなく、チームである

現代社会の人間関係は、全体的に「嫌われたくない」という傾向が強いので、仲間同士で厳しいことをいい合うのは、とても難しいことだというのはわかっています。ただ、我々は単なる友人グループではなく、共通の目標に向かって前進していくチームです。**チームとしての機能がうまくいっておらず、その原因が互いのなかにあるということであれば、きちんと指摘していったほうがチームの機能としては健全**です。

ただし、そのときに大事なのが**「対話」**であること。昔の体育会系のようなトップダウンの上下関係では、建設的な意見交換はできませんし、よいチームワークは構築できません。そのため、上級生が頭ごなしにいうのはダメですが、一方で下級生が上級生を敬う態度を損ねたフランクすぎる関係性もダメだと思います。**相手を尊重し、互いの意見や言い分を聞いたうえで、しっかり自分の意見をいえること**が重要です。

仙台育英時代も同じくフランクな上下関係ではありましたが、「勝つ集団」であることを自覚していた面があり、厳しい意見もいい合える関係はできていたと思います。

04

真名子語録

居心地の悪い環境が「気づき」を生む

箱根駅伝に出場するようなチームは、個人で食事の管理や練習スケジュールを管理するのは難しいので、**寮で集団生活をしているチームがほとんど**です。

生まれた場所も、方言も、習慣や環境も異なる学生たちが、ひとつ屋根の下で暮らすわけですから、最初は**自分たちにとって、ある意味居心地の悪い環境である**といえます。

しかし、私は**逆に居心地が悪いからこそ、社会人としての必要な「気遣い」であるとか、「思いやり」というものに気づくことができる**のではないかと思っています。

寮生活を続けていくうえで、自分が過ごしやすい環境をつくり上げていくには、同じ部屋で暮らす相手のスタイルに合わせる必要があります。最初は居心地が悪いかもしれないですが、相手を気遣うことで、相手も自分に合わせてくれるようになり、やがて自分も住みやすい環境を提供してくれるようになるのです。

喜怒哀楽を共感することで「気づき」が生まれる

寮生活は、喜びや楽しさだけでなく、憎しみや怒り、悲しみなども共感する、ある意味特殊な環境にあるといえます。

そのなかで相手を観察し、分析し、互いによりよい暮らしができるように生活を工夫するプロセスを繰り返していくことになります。

それは、まさに日々の練習を通して、目標を達成するために試行錯誤していくプロセスと似ています。**自己を振り返り、課題を見つけて改善していくという「客観的な視点」は、このような普段の生活からも養われていく**のだと思います。

また、目標を達成するには、ライバルとの戦いをはじめ、多くの逆境を乗り越えていく力が必要になります。しかし、乗り越えていかなければならない逆境というものは、競技だけでなく、生活のなかにも存在するわけで、それをしっかり乗り越えて力を養っていけば、それが必ず自分の走りにもつながっていきます。**一緒に暮らし、チームで目標に向かうことの学びは、心の成長という部分にも大きく影響する**と思うのです。

05

真名子語録

褒めるのも叱るのも「リアルタイム」で!後まわしにすると熱量が変わる

私がまだ指導者としての経験が浅かった頃、仙台育英の監督就任当時は、練習の後にチーム全員を集めて長いミーティングを開いていました。チームのまとまり感を出すには、そういう形が必要だと考えていたのですが、その形だとそこで**話したことが当てはまる部員と、当てはまらない部員との間でだいぶ温度差がある**ことに気づいたのです。自分のことでなければ、話も半分なのは仕方のないことです。また、**チーム全員の前で個人のマイナスを指摘してしまうと、余計な問題が浮上するリスクも高まります。**

そうした理由から、初期の段階でミーティング形式での指摘はやめることにしました。伝えたいメッセージ、指摘したいポイントなどは、**気づいたときにその場で部員を呼び止めて、リアルタイムで伝える**スタイルに変えたのです。叱るのも、褒めるのも、その場で伝えたほうが、熱量を持って相手に伝わると考えました。

小さな問題も積み重なると、取り返しがつかなくなる

練習後のミーティングの場合、いいたいことを忘れてしまうこともありますし、時間が経過すると気づいたときの熱が冷めてしまい、あのときはいいたかったけれど、改めていうほどのことでもないかと、主張を取り下げてしまうこともあります。その場合、**「まあ、いいか」と、小さな問題を見過ごしてしまうことになるので、それが蓄積していくと、取り返しがつかないほどの大きな問題に発展してしまう**可能性もあります。

その場での対話形式に変えたことで、チーム全体の練習のなかでも部員たちそれぞれが**「きちんと見てもらえている」という特別感**を抱いてくれるようになりました。あまり実力のない部員だと、「どうせ主力しか見ていないのだろう」と、マイナス思考になることが多いので、そういう部員たちにも**「叱る・褒める」といったこちらの意思をリアルタイムでしっかり伝えてあげると、信頼感の醸成にもつながる**と思います。

たとえ短い対話であっても、部員たちとの接触頻度が高ければ、長いミーティングよりも、それぞれのコミュニケーション時間は長くなるのです。

06

真名子語録

落ち込んでいる選手にはあえて距離を置く

仙台育英の監督時代、第69回全国高校駅伝では優勝候補の筆頭に挙げられていました。しかし、その年は当時2年生でエースだった吉居大和が疲労骨折をしてしまい、十分な練習を積めなかったのです。迷った末、**吉居の出走を決断したのですが、エース区間の1区で彼は42位と失速、チームも11位と惨敗**してしまいました。

これは完全に監督である私の判断ミスだったのですが、責任感の強い吉居はひどく落ち込んでしまいました。彼の状態がよくなかったというのはわかっていたことで、ほかの選手を走らせて最低でも区間20〜30位くらいを狙う選択もあったのですが、もし失敗したとしても**後悔しないほうを選択したいと考えた末の決断**だったのです。そのせいで彼は競技に対してすごく落ち込んでしまい、私も監督としての選択が間違っていたのではないかと悩みました。

励ますことをあえて避けた

吉居は、それから2ヵ月半くらい苦しみ続け、走れなくなってしまいましたが、監督としては、あえて声をかけませんでした。もちろん「競技者として万全な状態で持ってこられるようにするためには、いい勉強になったね」みたいなことは話したと思います。けれど、**落ち込んでいる彼に監督自身が励ますことは、逆に彼にとってプレッシャーになる**と考えたのです。彼が自然に走れるようになるまで、会話は世間話程度のことしか話しませんでした。

そのときにありがたかったのは、**吉居と同級生で仲のよかった喜早駿介の存在**でした。彼は、吉居と一緒にWエースといわれていましたが、実は中学の頃はとても遅く、そこからはい上がってきた選手だったのです。だから**挫折した選手の心を理解できる**と思い、「復活させてやれるのはお前しかいない」と彼に励まし役をお願いしたのです。彼らは、**互いに激励しながら翌年に見事全国優勝**を果たしてくれました。そして、**選手の心を動かすには、監督だけではなく、仲間の力も重要**なのだと私に教えてくれたのです。

07

真名子語録

選んだ道は「正解かわからない」から「自分で正解にする」しかない

新入生をスカウトするときによくいうのですが、どの高校や大学に進んだら成功できるか、強くなれるかなんてわからないし、正解というものは絶対にありません。重要なのは、**自分が選んだ環境でどう頑張るか**であって、結局は**「選んだ道を自分で正解にするしかない」**と、学生たちには伝えています。

大学生になって就職活動に悩む学生たちも少なくありません。その道に進んだとして、成功できるかどうかがわからずに考えすぎてしまうことが多く、特に最近は**「失敗したくない」という優等生的な傾向が強くなっている**ような気がします。考えたところで正解なんて出ないのだから、前向きに踏み出したほうがよいと思うのですが、実際は「成功の道だけ選ぶことがなぜダメなのか？」と、納得しない学生も多いのではないかと思います。仕事の面だけ見れば、それで成功する人も多いのでしょう。ただ、私は人生というトータルな視点でとらえると、**失敗を恐れて踏み出さない、ダメージを避けて通ることばかりを選んでいたら、「失敗から立ち直る強さ」を養うことができず**、果たしてそれで正解なのか？　成功といえるのか？　と疑問に感じてしまう部分もあります。

「失敗を成功に変える力」をつけることが大事

人間は、人体のしくみと同じで、一度ダメージ（負荷）を受けないと成長できないと思うのです。「どの道を選択すると成功できるのか？」というのは重要ではなく、たとえ**失敗してもそこから回復して、自分で成功に持っていける能力を身につける**ことのほうが大切です。そのためには、失敗というダメージを避けることばかり最優先に考えていてはいけないと思います。

最近は「ダメージは悪」のようにとらえられがちですが、**ある程度失敗し、自分で試行錯誤しながら成功に導いていくプロセスというのは必要**だと考えています。失敗を成功に変える力がつけば、いくらでもやり直せるので、人生の選択の幅も広がります。もう少し気楽に踏み出せるほうが、より幸せに近づけるのではないかと思います。

08

真名子語録

「いっていること」ではなく、「やっていること」が、その人の「正体」

私も監督として、学生の前では偉そうなことをいいますし、カッコいい言葉をいい連ねるというのは簡単です。しかし、その**「いったこと」に対し、「やっていること＝行動」がともなわなければ、それが「その人の正体」**だと、私は考えています。

口で飾る指導者というのは結構多くて、私が選手だった頃も「そういっているけど、自分はやってないではないか」と、反発を感じてしまう指導者たちもたくさんいました。

人間の本質的な部分を評価したい

学生たちに真剣に向き合って指導するからには、私自身がそうあってはならないと思いますし、学生たちにも誠実な人間性を養ってほしいと願いながら接しています。

そうした人間性というのは、やはり走りにも表れるものだと思いますし、学生たちの**レベルアップしていくプロセスにも大きく影響してくるもの**だと考えています。

そうした考えは、私が新入生をスカウトするときの評価軸にもつながっています。もちろん、前提として走りのポテンシャルを重視しますが、私の場合は、学生たちの**純粋性や真面目さ、誠実な人間性などを評価する**傾向が特に強いように思います。そうした内面を持つ学生たちは、実際に記録を大きく伸ばしているという事実があるのです。

たとえば、チーム内でも「箱根駅伝で何区を走って区間何位になります」とか、「チーム内のこの選手に勝ちたいです」とか、高い個人目標を掲げる学生はいます。いっていることは素晴らしいし、監督としても、ぜひそれを実現させてほしいと思うわけです。しかし、いっている割に日々の練習の質が上がらず、発言と行動が一致していないことが多々あります。私は、部員たちのジョグの走行時間などの練習結果を毎日確認しているのですが、「あの選手に勝ちたい」といっていたのに、ライバル選手よりジョグの量が少なかったりすると、「本当に勝ちたかったら、彼より走らないといけないよね?」とストレートに指摘します。口ではいくらでも飾れるし、やはり**他人から見える本当の評価というのは行動に表れる**と思うので、**発言よりも行動に注視する**ようにしています。

09

真名子語録

うまくいったら自信、うまくいかなかったら経験

長距離走では、地道な練習をコツコツと積み上げることができる真面目な性格のほうが適性はあると思います。ただ、**真面目すぎるのも、それが災いし大きなスランプにハマってしまう**ことも少なくありません。楽観的すぎる性格だと、できないことがあると言い訳に逃れがちですが、**真面目すぎるタイプは、まるで十字架を背負ったかのように深刻に考えすぎてしまう傾向があります**。課題をクリアできなかった要因をいろいろなところから持ってきて、それが本来の要因ではないのにムダに考えすぎてしまうのです。

しかしながら、**うまくいかないときほど、理由がない場合が多い**のです。それでさらに不安になってマイナス思考のドロ沼にハマり、精神的に追い込まれてしまいます。

そういう場合は、競技を楽しめなくなってしまうので、「もう考えないほうがいい」と声をかけ、できるだけリラックスできる方向に持っていきます。

成功も失敗も自分の糧になる

通常は、うまくいかないときはその原因を考えるように指導するのですが、**自分を追い詰めてスランプに陥るくらい悩んでしまっている場合は、逆に考えないように助言します。**陸上は基本的に個人競技なので、悩もうと思えばどこまでも突き詰めて、自分を追い込んでしまうことができるのです。

たとえば、私たちのチームでは3ヵ月に一度血液検査を行い、学生たちの栄養や健康状態をチェックしているのですが、うまく走れないとすぐに血液検査をしたがる学生もいます。その結果、貧血などの具体的な兆候が表れれば、それが原因だとわかるからよいのですが、なにも異常がなかった場合は余計に悩んでしまうのです。

深刻に考えすぎてしまう学生には、**「成功したら自信になるし、たとえ失敗しても成功のためのよい経験になった」**と、いずれの結果になったとしても、自分にとってよい糧になるのだということを伝えます。ケースによりますが、**今の状況をもう少し楽観的にとらえられるようにする**ことも、長く競技を続けていくには必要なことだと思います。

10

真名子語録

環境がくれるのは「種」だけ、「花」を咲かせるのは自分！

「選んだ道を自分で正解にする」という話につながっているのですが、指導者というものは学生たちに**ヒントという「種」**しか与えることができません。**それに水をやり、育てて花を咲かせるのは学生たち本人**です。長距離走というものは、毎日の地味な練習をひとつひとつ積み重ねていき、それを継続して習慣化していくことで力に変わっていくのですが、そういう意味でも、**自分の理想とする花を咲かせることができるかは、自分の努力にかかっている**わけです。それゆえ、**指導者のいうことをそのまま「正解」だと思って、受け取ってしまう学生は、大きく成長することができない**と思います。指導者は、選手たちが成長するために必要な環境や下地となるようなものは与えられますが、それを実際に糧として活かしていくのは選手たち本人です。指導者にいわれるがまま、受け身で練習していても、本当の力はついてきません。

魚一匹を与えるのではなく、魚の釣り方を教える

古代中国の格言とされているもので**「魚一匹与えればその日は生き延びられるが、釣り方を教えれば一生生きていける（授人以魚 不如授人以漁）」**という言葉があります。私たちは、魚の釣り方を教えているだけで、魚を釣るのは学生たちです。ましてや、魚を他人からもらおうとしても、その場はよいかもしれないですが、実質的な成長とはいえません。私たち指導者が与えているのは、ヒントという種であり、学生たちは自分で水やりをして育てなくてはなりません。水をやりすぎても根腐れしてダメになってしまいますし、しっかり日光を浴びさせることも必要です。**どのような花を咲かせるかは、学生たち本人の努力次第でどうとでも変化する**というわけです。

また、よく高校の指導者の方々から仙台育英で優勝したときのメニューを教えてほしいといわれることもあるのですが、それも同じこと。私たちのチームでは正解だったかもしれないですが、それをそのまま実践しても効果があるとは限りません。そこから**自分たちの形に変えていかなければ、花を咲かせることはできな**いのです。

11

真名子語録

人が環境をつくり、環境が人を育てる

陸上選手としての私を育ててくれたのは、大学時代の恩師だと思いますが、指導者としての私を育ててくれたのは、間違いなく仙台育英です。

「人が環境をつくり、環境が人を育てる」というのは、当初、私が仙台育英からのオファーを断ったとき、加藤雄彦理事長（校長）からかけてもらった言葉です。

当時の私は、指導者の経験が2年しかなく、全国トップクラスの名門である仙台育英の監督を務めるには、年齢的にも経験的にも未熟だと思っていました。「自分はそこまでの器ではない」というのが、そのときに断った理由でした。

そこで加藤理事長から直接電話をもらい、**「仙台育英という今までの実績と、未知の環境を恐れる気持ち、不安になる気持ちはわかりますが、環境が真名子先生を育ててくれますから」**という温かい言葉をかけてもらいました。そういう考えもあるのかと思い、とりあえず仙台育英の視察に行くことにし、前述した部員たちのひたむきな姿に胸を打たれて（P25）、最終的にオファーを引き受ける決意をしたのです。

与えられた環境で最善を尽くす

仙台育英に行ったとき、独自の環境や方針のようなものがあると感じました。最初は戸惑ったものの、少しずつ自分のやり方というものが見えてきて、それが**今の私の監督としての方法論につながっていった**のだと思います。たとえば、留学生の起用に関する考えも、一部では「日本人だけで勝負すべきだ。卑怯ではないか」という批判を受けることもあります。しかし、仙台育英では積極的に起用する方針があり、それを活かす形で勝利に導く発想が必要です。ほかの学校であればまた違った方針があると思いますし、**それぞれに与えられた環境のなかで最善を尽くす**ことが重要だと思います。

就任1年目で全国高校駅伝の連続出場を途切れさせたとき、加藤理事長に叱られる覚悟だったのですが、**「今失敗しないとよい指導者にはなれない。この環境のなかでじっくり育てばいい」**と激励され、純粋にうれしかったのを今でも鮮明に覚えています。

12

真名子語録

「継続」よりも「習慣」こそが「力」なり！

よく「継続は力なり」といいますが、私はそうではなく、**「継続よりも習慣こそが力なり」**だと思っています。継続も習慣も、同じく「続けること」を意味しますが、**継続の場合は「続ける意思＝有意識」を持って行動しますが、習慣の場合はそうした意思は必要としていません（＝無意識）**。

継続の場合は、「やらなくてはいけない」というある意味義務感のような感情がともない、どうしても行動に移す際のハードルを高く感じてしまいます。それに対し、習慣の場合は、**毎日の歯磨きのように「やるのが当然」の行動であり、ハードルを感じることなく自然に行動に移す**ことができます。ある行動を繰り返し続けていくのであれば、習慣のほうが理想的です。監督にいわれたから練習するのではなく、当たり前のことだから練習するという能動的な姿勢のほうが、より力になりやすいと思います。

無意識でやれるのは、目的を理解しているから

繰り返しになりますが、日々の練習は「やらされている」感覚の受け身の姿勢でこなしていても力にはなりません。**今日の練習はなんのために、なにを具体的にクリアしなければいけないのか、目標達成までのストーリーを自分の頭のなかで理解し、能動的に取り組んでいかなければなりません。**このような練習姿勢はアスリートの当然の習慣として、無意識にできているのが理想です。逆説的ではありますが、**無意識の習慣にできるのは、目的を理解しているからこそできる**ことだともいえます。

たとえば、練習後のカラダのケアは毎日実施しないといけないものですが、練習メニューには入っていません。これを「やらなくてはいけない」と思って取り組む人と、当然のこととして自然に練習に組み込んでいる人とでは、やはり力の差が出てきます。カラダのケアが、**自分にとってなぜ必要なのかということをきちんと理解しているから、当然のこととして無意識で実践できる**のです。「1＝目的」の理解の重要性が、こういうところにも表れてくるということです。

13

真名子語録

「喜怒哀楽」苦しいことも楽しさがあってこそ!

陸上をやっているなかで、楽しいこととか、仲間と喜び合えることばかりであったら、それに越したことはありません。しかし、現実は違います。なにかを成し遂げる、生きていくうえでは、必ず怒りや悲しみという感情があふれる出来事が起こるものです。

喜怒哀楽という文字の並びにも意味がある

喜怒哀楽という熟語がありますが、私は昔からこの文字の順番にも意味があると思っていました。喜びと楽しみが外側にあり、内側に怒りと哀しみを挟んでいます。もし、**怒りや哀しみが爆発して、外側にあふれ出してしまうと、いろいろな人に迷惑をかけてしまう**可能性があります。また、**内側に怒りや哀しみを抱えていたとしても、その先（外**

側）に喜びや楽しみがあるから、我慢できるし、人は頑張れるのだと思います。これは、私のこじつけかもしれませんが、これまでの経験で得た印象でもあります。

トレーニングというのは、基本的に苦しいものですし、集団生活をするうえで親元を離れて悲しいこともあれば、周囲とのいざこざのせいで怒りを感じることもあるでしょう。しかし、**それに耐えた先に自己記録を更新できた喜びや、チームで目標を達成できたときの楽しみがあるのであれば、すべてが報われてマイナスの感情を帳消しにできます**。むしろ、**その苦しさがあったからこそ、喜びが倍増する**わけです。

たとえ現在、記録が伸びない、故障して走れない、練習がうまくいかないといった低迷する時期にあったとしても、前向きに努力を続けていけば、必ずその先には喜びと楽しみが待っているものです。だから、希望を持ってゴールを目指してほしいと思います。

本学の学生のなかにも、長らく箱根駅伝から離れ、「なぜこんな大学を選んでしまったのか？」と怒りを感じてしまう学生もいたことでしょう。しかし、こうして箱根駅伝に出場する目標を達成できたとき、**苦しんだ分、彼らの喜びは爆発した**と思います。仙台育英で全国優勝したときも、**いろいろな苦労をチーム全員で乗り越えてきたからこそ、生涯忘れられないような歓喜を体験することができた**のだと思います。

14

真名子語録

「後悔」で「過去」は変えられないが、「反省」で「未来」は変えられる！

成功には失敗がつきもの。人間ですから、失敗せずに完璧になんでもこなすことなんて、ほぼ不可能です。誰でも失敗はするものなのですが、私は、学生たちに**同じ失敗するなら「後悔の失敗」より、「反省の失敗」をする**ように指導しています。

後悔も反省も同じ失敗であることに変わりはないのですが、**「後悔の念」**というのは、チャレンジしなかった、踏み出さなかったときに抱くことが多く、**「あのときこうすればよかった」と、過去を変えたいと願う心の動き**といえます。

一方、「反省」とは、失敗の原因を振り返り、「次はこうやってみよう」という未来を修正しようとする心の働きを指します。過去というのは、どう足掻いたところで書き換えることはできません。しかし、未来は自分の心次第でいくらでも変えることができます。ですから、後悔するくらいなら、思い切ってチャレンジしたほうがよいのです。**た**

とえ失敗したとしても、その原因をしっかり反省すれば、未来はよい方向に書き換えられ、「失敗を成功に変える」ことができます。

後悔する練習はしない

反省すべきは、レースや記録会だけではありません。日々の練習においても具体的な課題をクリアできなかったとき、**「後悔するような練習をしてはいけない」**と声をかけます。ライバルに勝つためにもう少し走り込みたかったのにやめてしまった、あと少し粘れば設定タイムを達成できたのに追うのをやめてしまったといった、「挑戦をあきらめた練習」をすると、後悔の念が生じてきます。**チャレンジしなければ、失敗を克服するための課題すら見えてこないので、ただ後悔するしかありません。**しかも後悔したところで、過去に戻って練習をやり直すことはできないのです。このときに**失敗を恐れず挑むことができていれば、変えられる課題が見えてきます。**その原因をしっかり反省し、未来へ向けた改善策を考えることができれば、よりよい方向に進んでいけるはずです。だから、どうせ失敗をするなら、未来を変えるために積極的に挑んでほしいと思います。

15

真名子語録

コミュニケーションはドッジボールよりキャッチボール！

コミュニケーションをとるときは、相手に意見を投げるにしても「ぶつける」だけだと、相手は痛がったり、傷ついたりするだけなので、**相手が捕りやすいところに投げるように意識したほうがよい**と思います。自分が伝えたいメッセージを一度受け取ってもらい、もう一度自分に投げ返してもらう**「キャッチボール＝対話」**をイメージすると、伝えたいことはより相手に伝わりやすくなります。

ドッジボールのように、強い球を投げてもかわされてしまうだけなので、相手に逃げられていたらいつまで経っても伝わりません。さらに強く投げて相手に当てることができても、反発が生まれるだけです。もし、**自分がどうしても伝えたい意見があるのであれば、やはり相手が捕りやすいところに投げてキャッチしてもらい、それを投げ返してもらって初めて真意を理解してもらえる**のだと思います。

昭和~平成の指導はドッジボールだった

私たちの選手時代は、指導者の強い球をひたすら受け止めようとする**「ドッジボール型のコミュニケーション」**が主流でした。逃げ続けることも多かったですし、無理に受け止めようとして突き指してしまうことも多かった記憶があります。現在の指導法は、**「キャッチボール型の対話」**がメインだと思いますが、実は仙台育英のチーム立て直しに入った初期の頃は、ドッジボール型でとにかく当たるまで投げ続けていました。そうしないと伝わらないと考えていたからです。しかし、そのアプローチでは傷つく部員も出てきてしまうことがわかり、すぐにキャッチボール型に変えました。

コミュニケーションは、投げたボールをキャッチしてもらい、**自分の頭で考えてもらうステップ**がとても重要です。**現代のスポーツにおいて、自立した考えを持つことはアスリートのレベルアップにおいて欠かせない要素になっている**からです。対話型のコミュニケーションを意識することで、学生たちの思考の幅が広がり、指導者の想像を超えたところまでリミットブレイクしていく可能性も期待できると思います。

16

真名子語録

「できない理由」を探すのではなく、「できる方法」を見つける！

ラクには達成できない目標や課題に直面したとき、ほんとんどの人間は大きく2つのタイプに分かれます。それは、**「できない理由を探す人間」**と**「できる方法を探す人間」**です。その人を成長させるのは、もちろん後者。会社組織でも困難な依頼に対し、「できない」と無下に断る前に、「できる方法＝可能性」を提示することが大事であるといわれることも多いかと思います。

目標とする結果を得られず、できなかった理由を並べ立てたところでなにも変わることはありません。レベルアップを望むのなら、これも繰り返しになりますが、**できなかった原因を反省し、そこからクリアできる方法を考えて次の練習に活かしていきます**。ただし、「できる方法を探さないと叱られるから」というネガティブな感じにとらえられると意味がないので、ドッジボールにならないよう注意しなければなりません。

「探せ」ではなく、「探そうか」

「絶対にできる方法を探せ」と、ドッジボールのように意見を強要すると、学生たちを変に萎縮させ、彼らの思考を止めてしまうことになりかねません。学生たちには必ず一度は自分で可能性を考えさせることはしますが、それでも改善策が見つからないようであれば、**「一緒に探してみようか」と、彼らに寄り添うような形で意見を提示**しています。やはり、対話型の提案であれば彼らも納得し、**トップダウンではなく、自分の意思で決めたことなので、積極的に取り組んでもらえるようになる**と思います。

そのときは、あくまで「ヒント」だけを与えます。私の答えをそのまま伝えることはせず、**相手が捕りやすいヒントという形で意見を投げ、その回答を投げ返してくれるまで根気強く待つ**ようにしています。キャッチボールの信頼関係が構築されたら、時にはわざと暴投し、相手に苦労してボールを捕りに行かせることもあります。そこから投げ返すことが、学生たち自身の思考の幅を広げ、問題解決能力を高めることにつながるからです。彼らが自立した強さを得ることは、私個人の目標でもあります。

真名子　圭（まなこ　きよし）

1978年9月27日、三重県生まれ。大東文化大学陸上競技部男子長距離ブロック監督。四日市工業高校で陸上競技を始め、卒業後、大東文化大学に進学して箱根駅伝には4回出場。最終学年となった第77回大会では主将として10区を走り、当時の区間新記録で区間賞を獲得した。大学卒業後はHondaに所属し、実業団ランナーとしてニューイヤー駅伝にも出場。引退後は、三重県の高校陸上部を経て、2012年4月より仙台育英学園高校の陸上競技部長距離男子ブロック監督を10年間務め、2019年には全国高校駅伝で12年ぶり8回目の優勝に導く。2022年4月より母校である大東文化大学の陸上競技部男子長距離ブロック監督に就任し、箱根駅伝第100回大会において、低迷するチームをわずか2年で9年ぶりのシード権獲得に導いた。

STAFF

企画・編集	千葉慶博
カバーデザイン	渡邊民人（TYPEFACE）
本文デザイン	谷関笑子（TYPEFACE）
カバー、本文イラスト	中村知史
校正協力	株式会社ぷれす

自己記録の壁を破る!
1にこだわる
ランニング理論

著　者　真名子圭
発行者　池田士文
印刷所　萩原印刷株式会社
製本所　萩原印刷株式会社
発行所　株式会社池田書店
〒162-0851
東京都新宿区弁天町43番地
電話 03-3267-6821（代）
FAX 03-3235-6672

落丁・乱丁はお取り替えいたします。

ISBN 978-4-262-16615-5

［本書内容に関するお問い合わせ］
書名、該当ページを明記の上、郵送、FAX、または当社ホームページお問い合わせフォームからお送りください。なお回答にはお時間がかかる場合がございます。電話によるお問い合わせはお受けしておりません。また本書内容以外のご質問などにもお答えできませんので、あらかじめご了承ください。本書のご感想についても、当社HPフォームよりお寄せください。
［お問い合わせ・ご感想フォーム］
当社ホームページから
https://www.ikedashoten.co.jp/

24005510